本书得到河南科技大学学术专著出版基金资助，同时得到河南省教育厅人文社科重点研究基地（高等教育与区域经济发展研究中心）、河南科技大学人文社科基地（创业与创业学研究中心）资助。

河南文化发展
及其产业提升对策研究

HENAN WENHUA FAZHAN JIQI CHANYETISHENG DUICE YANJIU

靖恒昌 等著

中国社会科学出版社

图书在版编目（CIP）数据

河南文化发展及其产业提升对策研究/靖恒昌等著．—北京：
中国社会科学出版社，2015.7
ISBN 978 – 7 – 5161 – 6507 – 2

Ⅰ．①河…　Ⅱ．①靖…　Ⅲ．①文化产业—产业发展—研究—
河南省　Ⅳ．①G127.61

中国版本图书馆 CIP 数据核字（2015）第 147498 号

出 版 人	赵剑英
责任编辑	刘晓红
特约编辑	黄　朝
责任校对	周晓东
责任印制	戴　宽

出　　　版	中国社会科学出版社
社　　　址	北京鼓楼西大街甲 158 号
邮　　　编	100720
网　　　址	http：//www.csspw.cn
发 行 部	010 – 84083685
门 市 部	010 – 84029450
经　　　销	新华书店及其他书店

印　　　装	北京君升印刷有限公司
版　　　次	2015 年 7 月第 1 版
印　　　次	2015 年 7 月第 1 次印刷

开　　　本	710×1000　1/16
印　　　张	14.75
插　　　页	2
字　　　数	258 千字
定　　　价	52.00 元

凡购买中国社会科学出版社图书，如有质量问题请与本社营销中心联系调换
电话：010 – 84083683

序

前些天，靖恒昌老师找到我，非常诚恳地邀请我为其专著《河南文化发展及其产业提升对策研究》写序，并将书稿交于我。出于对本院教师工作的肯定，更是对青年教师的鼓励，我便应允了。

河南是中华文明的发祥地之一，悠久的历史积淀了丰厚的历史文化资源，在中华民族文化乃至东方文化的形成与发展史上有着非常重要的地位。河南科技大学地处历史文化名城洛阳，作者结合河南本土实际，研究河南文化产业发展，对弘扬河南文化具有现实意义。

该书对河南文化资源进行了梳理和分类，特别是对河南文化景观的整理，图文并茂、全面细致、工作量浩繁，并从时间和空间两个维度，分别阐述了河南文化的发展历程和区域划分，描绘了一个系统的河南文化全景。对河南文化产业的发展现状进行了客观分析，利用工具和数据找出制约河南文化发展的问题，建设性地提出了开发与利用河南文化的建议与对策，为河南文化产业转型升级、河南区域经济发展提供参考。最后落脚到发展河南文化与和谐社会、"一带一路"的互动关系，把发展河南文化提升到了一个新的高度。

靖恒昌老师是一名优秀的社会科学工作者，工作认真细致，做事一丝不苟，将研究成果付诸印刷，相信通过读此书，会使更多的人关注河南、关注河南文化事业的发展。

是为序！

河南科技大学管理学院院长、三级教授
2015 年 7 月 8 日

目　录

第一章　文化概述

　　文化资源是人们从事文化生产或文化活动所利用的各种资源的总和，包括前人所创造积累的文化遗产库，今人所创造的文化信息和文化形式库，以及作为文化活动、设施与手段的文化载体库等。按照不同的分类方式，文化资源可被分为历史文化资源与现实文化资源、人文文化资源与自然文化资源、有形文化资源与无形文化资源、传统文化资源与新兴文化资源、可再生文化资源与不可再生文化资源等多种类型。作为资源，不管是什么形态，它必须同财富的创造相联系。而文化资源以精神内涵为主要存在形式，其最大的特点是可以多次开发和重复利用，这就决定了它具有比其他资源更强大的生命力和巨大的开发价值。

第一节　文化的内涵及其特点

一　文化的内涵

　　"文化"一词历史悠久，它通常被概括为是一种社会现象，又或是一种历史现象，因为它见证了社会的进步和人类的发展。古往今来，由于学者们对文化研究的角度和视野不同，世界上关于文化的定义不计其数，与文化相关的概念更是不胜枚举。

　　英国学者泰勒在 1871 年首次明确地给出"文化"的定义。在其著作《原始文化》中，泰勒指出："文化，就其在广泛的民族志中的广义而言，是个复合的整体，它包含知识、信仰、艺术、道德、法律、习俗和个人作为社会成员所必需的其他能力和习惯。"[①] 可见，泰勒所谓的文化，包含精神生活方式和物质生活方式两方面。

---

　　① ［英］泰勒：《原始文化》，连树声译，广西师范大学出版社 2005 年版，第 13 页。

此后，人们开始更多地关注文化本身，对它的定义要求也越来越完善。但由于个人的成长背景和受教育经历不同，对文化的定义也不尽相同。1952 年，美国文化人类学家克罗伯和克拉克洪合著的《文化：概念与定义的批判性回顾》一书中，列举了西方学术界的各种"文化"定义，在综合研究之后，克罗伯和克拉克洪提出了他们认为的最恰当的关于文化的表述，即"文化存在于各种外观的和内蕴的模式当中，借助符号的运用得以学习和传播，并构成人类群体的特殊成就，这些成就包括他们制造物品的具体式样。文化的基本核心包括由历史衍生及自由选择而成的传统观念，尤其是价值观念。"[①] 由于克罗伯和克拉克洪对于文化的定义是借鉴了以往相关的文化定义中的合理因素，因而被多数西方现代人文学家所认可。

在中国古代，文化大多是用以代表文治和教化。随着西方人文社科的传入，中国学者也开始对文化的含义进行重新界定。1982 年，在我国出版的《简明社会科学词典》中，国内学者就认为文化是"人类在社会发展过程中所创造的物质财富和精神财富的总和"。[②] 表面上看文化的定义多种多样，但深入分析，文化大体上可以概括为两类，广义的文化和狭义的文化。广义的文化又称为大文化，含义非常广，包括人类所创造的一切物质财富和精神财富，换句话说，文化渗透在人类社会的方方面面。狭义的文化则主要是指人类的精神创造活动及结果，它排除了历史生活中的物质财富部分，因而又被称为小文化。

人类具有创造和应用文化的能力，因此，文化是人类社会特有的现象，也是人类社会生活的外在表现。人类在创造文化的同时也受到文化的影响，从而推动了人类社会的进步。中国革命的胜利和中国改革开放所取得的成绩更加证明了这一点。文化对于社会的推动作用和人类进步的重大意义使得我们不得不重视文化事业的发展，制定科学的文化发展观，对于国家的兴旺和民族的繁荣都至关重要。

最近的文化定义，已越来越倾向于清楚区分实际行为的一面与存在于行为背后的抽象价值观、信仰和世界观的另一面。也就是说，现在的学者倾向于视文化为"不是可见的行为"，是"人们用以解释经验和导致行为

---

① 《国际社会科学大百科全书》第 3 卷，纽约麦克米兰和自由出版社 1972 年版，第 528 页。

② 《文化学词典》，中央民族学院出版社 1988 年版，第 755 页。

并为行为所反映的价值观和信仰"。

因此，可以这样给"文化"下定义：文化是一系列规范或准则，当社会成员按照它们行动时，所产生的行为应限于社会成员认为合适和可接受的变动范围之中。

二 文化的特征

（一）文化的共有性

文化是一整套共有的信仰、价值观和行为准则，它是使个人行为能为集体所接受的共同标准。人类由其自然属性组成社会，并因此而获得"社会性"。因为人们共有一种共同的文化，所以他们在特定的环境下能互相预知对方的行为并能作出相应的反应。一群来自不同文化的人，假如流落在一个荒芜的海岛上一段时间，似乎可能成为一个多样性"社会"，因为组成这个"社会"的成员们此时此地会有一个共同的利益即生存，并由此甚至会发展出一些共同生活与工作的技能。但是，这群人中的每个成员仍然都会保留其特性及文化背景，而一旦当这些成员被救出荒岛，则这个群体也就会立即解体。原因很简单，因为这个临时的"社会"群体终究只是一个聚合体，而不是一个文化统一体。因此从文化的角度，如果给社会下一个定义，则可把社会定义为占有一个特定地域的人类居群的综合体，在这个地域中的人互相依存，并共有一种文化。从社会运转的角度，也可以这样说：人类政治经济社会的运转，表现为人与人之间形成特定的"社会关系"——生产关系、经济关系、家庭关系等，而保证这些"社会关系"运行的则是隐藏在其后的"文化"——制度、规则、习惯、习俗等。

所有已知的人类社会都展示出"文化"，这正是人类社会与别的一些动物的社会生活的区别。动物社会如蚂蚁与蜜蜂表现出的本能的互相协作，这在某种意义上可以认为它们有一定程度的社会组织，但不能把这种本能行为表述为"文化"。

（二）文化的个体差异性

尽管文化是社会成员共有的，但必须注意的是：并不是所有人对"共有文化"的接受都会一致。在任何人类社会中，至少在男女性别角色之间就有区别，有些男人不必考虑的事情而妇女则必须关心，反之亦然，这是最简单清楚的例子。另如任何社会都不要求儿童像成人那样举止，反之也不要求成人像儿童那样举止，这说明年龄差异对文化接受的影响。至于职业团体由于复杂的劳动分工、人群分等成为不同的阶级，他们在社会中存在时以其特定的行为模式规则、习俗、习惯、信仰等，即以不同的文化行事为人，完成其对种族繁衍和社会发展必须承担的使命，更毋庸置疑。

拉德克利夫—布朗（1881—1955）认为：一个社会的每种习俗与信仰都有其特殊的功能，这种功能有利于维持那个社会的结构。在一个社会中，只有做到各部分"习俗、信仰"有序部署，社会的延存才有可能。

由此我们有理由可以认为，通过研究风俗与信仰（狭义的"文化"）如何发挥作用以维护社会系统的稳定、发展问题的方式，就有可能"发现"普适性的人类行为规律。

（三）文化的相对稳定性与"涵化"

毫无疑义，一个社会如果没有创新观念并改变现存行为方式的能力，它就不能够长期生存下去。然而必须指出，人类的文化首先是相对稳定的，同时它也是有弹性的，因此它必须也能够适应改变了的环境。如果我们从人类文化的开端（那些与食物生产发展有关的变化，或者亲属组织的演化方式）认真观察和思考，我们就会认识到"涵化"是所有文化的特点。我们如果考察人类历史进程中出现的文化多样化，就不得不承认这种"文化涵化"是不断地、经常地发生的。

当有着不同文化的人类共同体进入集中的直接接触，结果造成其中一个群体或两个群体原来的文化形式发生大规模"冲突"时，涵化的过程就会发生。影响涵化的因素很多，主要有不同文化的差别程度，不同群体直接接触的环境、强度、频率以及友好程度，双方接触的代表人物的地位及其差异（何者处于支配地位，何者处于服从地位），文化的"流动"是双向的还是单向的。

第二节　文化的功能

文化功能有时也被称为文化价值。主要具有以下四种功能：整合功能、导向功能、经济功能、负向功能。

一　整合功能

整合功能主要有价值整合、规范整合、结构整合。

（一）价值整合

这是整合功能中最基本、最重要的一种功能。只有价值一致，才有结构与行为的协调，才会有共同的社会生活。任何社会中的人们在价值观上都会有差异，但经由统一文化的熏陶，必然在社会生活的基本方面形成大体一致的观念。例如，被一个社会文化肯定的事物与行为，必定是社会绝大多数成员所追求的；被社会文化否定的事物与行为，则是为大多数人所鄙弃的。

（二）规范整合

规范因价值需要而产生，因文化的整合而系统化和协调一致。整合功能使规范内化为个人的行为准则，进而将社会成员的行为纳入一定的轨道和模式，以维持一定的社会秩序。

（三）结构整合

社会是一个多元结构的系统。社会的异质性越强，分化的程度就越高；多元结构越复杂，功能整合的作用越重要。一个复杂的多元社会，是由众多互相分离而又互相联结的部分和单位组成的，每一个部分和单位都具有自己的功能，但这种功能的发挥，必须和其他部分的功能联结起来才能实现，才能对整个社会的运行发挥作用，即所谓功能互补，使社会结构成为一个协调的功能体系。

文化整合功能是民族团结和社会秩序的基础。社会学中的功能学派和结构功能主义都强调文化的整合功能。一个社会，如果缺乏整合必将四分五裂。一个民族，由于共享一份文化，不论他们是否居住在一起，或者是否生活在同样的社会制度之中，都会有民族的认同感和在心理上、行为上的一致性特征。例如，中华民族的文化，维系着世界各地的亿万炎黄子孙。

二 导向功能

整合功能维持社会秩序，而导向功能则推动社会进步。每个社会都有自己的导向系统，如教育系统、科学研究系统、决策系统、计划系统、管理系统及医疗卫生系统等。文化在社会导向中的功能是：①提供知识。社会导向要以新的知识为动力，新的知识包括新的理论、科学、技术等依赖于文化上的发明和发现。②协调社会工程管理。有计划地推动社会进步，是一项巨大的社会系统工程，它包括决策、规划、组织实施等阶段。在总体系统工程中，又包括许多子系统，各阶段和各子系统的协调配合有赖于文化的调适。首先是目标调适。使社会全体成员认可社会导向的总目标和分阶段目标，使个人和群体目标与社会导向的总目标一致起来。其次是机构和制度的调适。为了达到社会导向的目标，要建立有效的机构和制度，对旧的机构和制度进行调整和改革。最后是行为调适。它使社会成员在行为上协调一致，确定共同的社会导向目标。③巩固社会导向的成果。文化是一份逐步积累的社会遗产，每一次社会改革和社会进步所取得的成果，都有赖于新的制度的巩固，文化在新制度建设过程中以及建成以后，起着协调整合作用，以维持新制度的秩序和稳定。

三 经济功能

文化的经济功能，主要是文化本质特征在经济领域的具体表现。在一定社会历史条件下文化的经济功能是确定的，就一般性而言，文化具有对经济发展基本方向的导向功能、对经济发展依靠力量的凝聚功能、对经济发展社会环境的规范功能和对经济发展科技含量的支撑功能。

在经济发展过程中，文化对经济的导向不仅趋向于抽象目标，而且面对现实和未来；不仅是一种经济性价值取向，而且是对经济的调节与融合；不仅是对经济的选择过程，而且是对经济的探索过程。

文化对经济发展依靠力量的凝聚，主要是指作为经济发展依靠力量（劳动力）的思想和行为的黏合剂，文化通过情感、规范和目标等途径，使劳动力、企业、社会之间产生认同、吸引，形成共同的价值意识，从而增强劳动力内部聚合力和向心力，推进经济发展和社会进步。同时，文化对经济发展所处的社会环境如社会关系、社会制度、思想观念等的调整和修正，它内在地包含对现有经济环境的批判、过滤和优化，为经济发展创造良好的外部条件。

四 负向功能

文化不仅有正向功能，而且有负向功能。美国社会学家默顿认为，社会并非总是处于整合状态，非整合状态也时常存在，个人或群体并不总是顺从社会规范，违反规范的情形也是时常发生。这种非整合状态和违规行为并不是偶然的，而是文化功能的一种表现。例如，社会的机会结构是一种文化安排，这种机会结构使一部分人通过合法的方式去追求自己的目标，而使另一些人通过非法的方式去追求自己的目标。前者是文化的正向整合功能的表现，后者是负向的非整合功能的表现。正向功能保持社会体系的均衡，负向功能破坏这种均衡。

第三节 发展文化的意义

中华文化源远流长，博大精深，饱含着华夏先哲们的无穷智慧，记载了炎黄子孙的辉煌业绩，是祖先留给我们的一笔丰厚遗产。弘扬中华文化，为振兴中华民族的伟大复兴是我们一代代中华儿女的共同责任，弘扬中华文化对中国的未来发展和整个中华民族的各族人民的凝聚力都有着重要意义。

党的十七届六中全会《中共中央关于深化文化体制改革推动社会主义文化大发展大繁荣若干重大问题的决定》指出：优秀传统文化凝聚着中华民族自强不息的精神追求和历久弥新的精神财富，是发展社会主义先进文化的深厚基础，是建设中华民族共有精神家园的重要支撑。要全面认识祖国传统文化，取其精华，去其糟粕，古为今用、推陈出新，坚持保护利用、普及弘扬并重，加强对优秀传统思想价值的挖掘和开发，维护民族文化基本元素，使优秀传统文化成为新时代鼓舞人民前进的精神力量。随着经济的发展和时代的进步，文化软实力的竞争在综合国力的较量中也发挥了越来越重要的作用，因而各个国家也重视自己国家传统文化和民族软实力的开发。因此，在中华民族儿女内展开弘扬中华文化的普及和新发展有着重要的历史意义和战略意义。

一 弘扬中华文化，能够增强民族凝聚力

中华民族是由 56 个民族共同组成的多民族大家庭。在长期的生产和生活中，中华民族创造了绵延 5000 年而不绝的中华文化。建设中华民族共有精神家园要以民族文化为根基和土壤，要正确认识自己的文化，区分精华和糟粕，使中华民族 5000 年来创造的文明成果在社会主义现代化中绽放出新的生命。在各民族人民之间形成强烈的认同感，使其成为民族的向心力和凝聚力，增强民族自豪感和团结奋进的纽带和推动力。文化从来就有先进与落后之分，中华文化也不例外。先进文化是人类进步的结晶，是推动人类社会进步的思想保证、精神动力与智力支持。在当代中国，发展先进文化，就是发展面向现代化、面向世界、面向未来的，民族的、科学的、大众的社会主义文化，也就是中国特色社会主义文化。中国的发展与强大，中华民族的独立与振兴，人民的尊严和幸福，都离不开中国特色

社会主义文化的支撑。大力发展中国特色社会主义文化，是增强中华民族凝聚力的必然要求。

二 弘扬中华文化能够实现中华民族的繁荣与富强

在 5000 年的发展中，中华民族形成了以爱国主义为核心的团结统一、勤劳勇敢、自强不息的伟大民族精神，不断战胜内忧外患，屹立于世界的东方。建设中国特色社会主义事业是一项充满艰辛、充满创造的壮丽事业。在建设中国特色社会主义事业的今天，弘扬中华文化，既可以领略中华民族文化辉煌的中华文明，引导人民珍惜这份丰厚的民族历史文化遗产，又可以增强炎黄子孙的民族自尊心、自信心和自豪感，培养爱国主义情操，激励人民自觉地为实现中华民族繁荣富强贡献力量。

三 弘扬中华文化是推进社会主义核心价值体系建设的需要

原中国人民大学校长曾经说过："弘扬中华文化和培育民族精神，最关键的就是能够极大地促进社会主义核心价值体系的建设，加强社会主义道德建设，建设和谐社会。"社会主义核心价值体系是全面建设小康社会、构建社会主义和谐社会的根本基础，而我国独有的中华 5000 年文化是以爱国主义价值观和以和谐为核心的伦理道德精神和审美精神。大力弘扬中华优秀的传统文化能够对整个的社会价值观进行优化，对人民的心灵进行一次洗礼，洗去污垢，增强道德观念和优秀的思想观念，无形中推进了社会主义核心价值体系的建设和和谐社会的建设。

四 弘扬民族文化能够推动中华民族独立自主地走向世界、实现社会主义现代化

中华民族在悠久的历史中创造了灿烂的世界文明，勇于创新、不甘落后是中华民族留给世人的光辉形象。当前，中华民族与世界的距离虽然越走越近，但是在文化层面还是发展得比较缓慢，与世界的距离比较远。因此，推动中华文化走向世界是一代又一代中华儿女的责任，更是他们的义务。大力发展和弘扬中华文化，是尊重中国历史的表现。世界历史证明，任何一个国家的发展壮大都离不开自身的优秀文化，只有在充分尊重自身文化的前提下才能够赢得世界其他国家的尊重。赢得尊重的国家才能够在世界舞台上立足，在民族文化扎根的国家里，才能够与其他国家进行独立自主的交流和合作。否则，没有民族性的国际竞争和现代化必将成为其他民族的附庸。

五 大力弘扬中华文化是传承中华文明的需要

任何一个国家和民族文化的发展，都是在既有文化传统基础上进行的文化传承、变革与创新。如果离开传统、割断血脉，就会迷失方向、丧失根本。国家的魂魄、民族的精神始终是以文化为载体流淌在国人心中，它直接影响到人的思维、行为和生活方式。中华民族的传统文化是我国各族人民世世代代的创造和积累，积淀着各个时期的社会因子，对整个中华民族的发展产生了深刻而久远的影响。中华民族光辉灿烂的传统文化是中华文化今后发展和繁荣的肥沃土壤。

软实力对国家和民族的发展具有潜在的推动力，它可以在凝聚人心、激励士气、淳化民风、塑造民族形象等方面有着巨大作用，还可以为经济、政治、外交的发展提供助力。中华文化是中华民族生生不息、团结奋进的不竭动力，应全面认识民族传统文化，理解民族传统文化的深刻内涵，取其精华，去其糟粕，对其进行科学的传承，使之与当代社会相适应、与现代文明相协调，保持民族性，体现时代性，以利于传承中华文明和发展中华文化，更好地建设社会主义先进文化。

第二章　河南文化概述

奋力实现中原崛起是河南省 21 世纪的战略任务，中原崛起是区域综合实力的集中表现，必须靠河南经济力、政治力、文化力的合力。河南是文化资源大省，拥有得天独厚的强大资源优势。实现由文化大省到文化强省的跨越不仅对于实现中原崛起的宏伟目标有着非常重要的意义，而且对于建设小康社会、构建和谐社会具有十分重要的现实意义。

河南是中华文明的发祥地之一，具有传统文化资源丰富的优势。古都、历史文化名城、历史文化名人比比皆是，河南是文物大省，全省地上文物的保有量在全国各省排名第二，地下文物的保有量则排名第一，国家八大古都，河南占其四，数量居全国之首。这些既是繁荣文化事业的基础性资源，也是发展河南文化产业的战略性资源。对此我们一定要科学谋划，倍加珍惜，以时不我待的精神加快开发步伐，使物质化的文化遗存通过深度挖掘拉长产业链，使精神化的文化资源通过物质化的载体实现其商品价值和文化服务价值，尽快把资源优势转化为产业优势。

第一节　河南文化的内涵及特点

一　河南文化的内涵

中国传统文化的渊源其实是中原传统文化。中原传统文化历史悠久，源远流长，河南是中华民族的摇篮，是中华文化的主要发祥地之一。河南地处黄河中下游、中原地带，古时因处于"九州"中心，有"中州"之称；河南横跨中国中部黄淮大平原，又有"中原"之谓；河南因大部分地区位于黄河以南，故名"河南"。

河南传统文化是中原传统文化的主要组成部分，是中原地区的传统文化，是长久以来按照历史传承下来的，生活在中原地区的人们与自然以及人们之间基于对象性关系而形成的物质文化、制度文化、思想观念、生活方式的总称。在中华漫长的 5000 年文明史中，河南有 3000 年是全国的政治、经济、文化中心。河南历史曾是中国历史的主流和浓缩，不仅影响和推动着中国历史的发展进程，而且在今天乃至将来仍然具有巨大的价值。

河南传统文化自有史文明时期就开始孕育并产生萌芽，在夏商周三代逐步形成并且发展起来，在秦汉魏晋唐宋时期达到兴盛与繁荣阶段，尤其是北宋时期为河南传统文化的鼎盛时期。新中国成立以后，中原文化开始复兴，河南传统文化在新时期中继续散发光芒，并且被时代赋予了现代化的新的内容。

河南文化，有时也可理解为"中原文化"，是指因自然环境、社会环境及时代环境使生活在黄河流域的河南人形成的一种心理定式和与之相适应的习惯化行为方式。它具有鲜明的个性特色。

二 河南文化的特点

河南传统文化源远流长、博大精深、内涵丰富、光辉灿烂。概括起来，有以下几个主要特点。

（一）中华文明的根源

长期以来，就中华文明的起源这一问题，一直有"一元论"和"多元论"之争，但无论"一元论"还是"多元论"，在学术界始终将中原作为中华文明重要发源地、作为华夏文明的诞生地，可以说中原文化在整个中华文明体系中具有发端和母体的地位。

在中华民族发展历史之初，中华民族的人文始祖"三皇五帝"，或者在河南出生和活动，或者在河南建都立业，经过夏商周三代融合，形成了华夏族，成为中华民族主体。由中华人文始祖衍生出了数以千计的姓氏，以中原沃土为家，流布全国乃至世界的各个角落，如今的中华大姓中绝大部分源头在中原，河南成为海内外中华儿女魂牵梦绕的寻根谒祖圣地。

中华文明探源工程和夏商周断代工程的重点都在河南地区，经考古研究后发现，"黄帝"创业活动的重点地域即今灵宝西坡遗址、"禹都阳城"即今登封王城岗城址、"夏启之居"即今新密新砦遗址、夏代中晚期都城即今偃师二里头遗址等规模大、等级高的中心城邑都在河南，这些考据都证明，由黄帝开始的 5000 年文明史，起点就在中原地区。在此前后，生活在这里的先民们最早摆脱了蒙昧和野蛮，选育、栽培、收割和加工农作物，发展了原始农业；炼铜、冶铁、制造工具，发明了冶金术；使用契刻符号、甲骨文记载表意，创造了文字；开启了大规模城垣建筑规制的先河，建立了城市；黄帝在有熊（今新郑市）开创初始的政权制度，为国家的形成奠定了基础，初现了文明萌芽。

中国第一个国家夏出现并发展在为"天下之中"的中原地区，从此以后"中国"就成为我们国家的称谓。中华文明的历史有多远，河南历史就有多远。

（二）中华文化的主导

以河南传统文化为主要组成部分的中原文化自从有史文明时期，就驾着历史的马车在中华大地上驰骋，在北宋以前的历朝历代中始终处于支配地位，在以后的朝代里也有着重要的影响。因此，可以这样说，中原文化是中国传统文化的重要组成部分，代表了中国传统文化的主流方向。

河南文化如果从裴李岗文化算起，距今已有七八千年，如果从仰韶文化算起，距今也有五千年以上。"河图"、"洛书"的出现，标志着中原文化，特别是其中的河洛文化，成为中华文化的重要起源。安阳殷墟甲骨文的发现，则开始了中国有文字记载的历史，标志着中华文化的发展进入了一个新的阶段。夏、商、周三代，被视为中华文明的根源，同样发端于河南。中原文化在与其他文化不断的融合交流中，自身的外延也在不断扩大，并由此催生了中华文化的形成。作为东方文明轴心时代标志的"儒道墨法"等诸子思想，也正是在研究总结三代文明的基础上而生成于河南。中原文化的核心思想，如"大同"、"和合"，都成为了中华文化的核心思想。中原文化的核心价值观，如礼、义、廉、耻、仁、爱、忠、信等，都成为了中华民族的核心价值观。中原文化的重大民俗活动，如婚丧嫁娶、岁时节日等，都成为了中华民族的民俗活动。

（三）各种文化的兼容

河南文化具有兼容众善、合而成体的特点。河南文化通过经济、战争、宗教、人口迁徙等众多渠道，吸纳了周边多种文化中的优秀成分，实现了物质文化、制度文化和思想观念的全面融合与不断升华。

考古人员发现，20万年前南北文化就交汇在中原一带。进入新石器时代，文化交流更为频繁，文化融合更为深化，新石器时代中原文化与周边地域文化具有许多共同点。如中原地区的大汶口文化就是东夷的海岱民族和中原民族交往、融合的结果；郑州大河村遗址中出土的一些富有山东大汶口文化特征的陶器，说明中原文化在那时就开始吸收周边文化成果，熔铸自己的文化；胡服、胡乐、胡舞、胡人食品在汉唐间传入中原，都融入中原文化之中。世界其他地区的宗教基本都具有排他性，但是作为外来宗教的佛教传入中原，却被本土的儒道文化所接纳，成为中原文化和中华文化的重要组成部分。

中原地区在历史上曾是统治阶级争夺的中心，由于北方少数民族的不断入侵，促成了民族的大融合。丝绸之路也不断传来中亚、南亚的文化。这些都推动了中原文化的多样化，使其兼容并蓄、博采众长，更加丰富多彩。

（四）文化广泛辐射

河南在历史上曾长期是政治文化中心，由于历史上中原人口的大迁移，同时依靠自身处于核心地位的优势，河南文化不断地扩散到祖国各地，直至海外，因此具有很强的辐射力和影响力。集中表现在：一是辐射各地。如岭南文化、闽台文化以及客家文化，其核心思想都来源于河南的河洛文化，如唐代的河南思想家文学家韩愈就极大地影响了潮汕文化。二是化民成俗。中原文化中的一些基本礼仪规范常常被统治者编成统一的范本，推广到社会及家庭教育的各个环节，从而实现了"万里同风"的社会效果。三是远播异域。秦汉以来，中原文化主要是通过陆路交通向东向西广泛传播，不仅影响了朝鲜、日本的古代文明，而且开辟了延续千年的丝绸之路。班超出使西域，玄奘西天取经，鉴真东渡扶桑等历史记载，都书写了中原文明传播的壮丽画卷。从北宋开始，中原文化凭借当时最发达的航海技术，远播南亚、非洲各国，也开辟了世界文明海路传播的新纪元。

（五）历史文化延续时间长

河南是中华民族的摇篮和古代文明发祥地之一。中原文化如果从河南裴李岗文化算起至今已绵延 8000 多年，它从一开始就处于中华文明的重要地位，中间虽经历了时盛时衰的曲折过程，但始终不曾被异化、被中断过。夏商周三代文明，中原独领风骚，居于全国中枢地位。两汉魏晋与唐宋时期，中原文明在全国依然举足轻重。在中国诸地域文化中，中原文化起始时代最为久远，文化的发展一脉相承，从未间断，见于文献记载最多，源远流长，内涵丰富，具有特别重要的地位。它不断吸收周边地区乃至外国文化的积极成果来充实、完善自己，经过融合和改造，又向四方辐射和传播，其文化影响令世人瞩目。

（六）历史文化资源种类齐全、内容丰富

河南悠久的历史积淀下大量的历史文化遗产，这些历史文化遗产是先民们留给我们的珍贵的历史文化资源。依据国际划分标准，我们将历史文化遗产分为两大类：一是指有形的历史文化遗产，又称物质文化遗产，包括可移动遗产与不可移动遗产。不可移动遗产指古迹、建筑群、名城、遗址等以及周围环境。二是无形的历史文化遗产，又称非物质文化遗产，主要指人类以口传方式为主，具有民族历史积淀和广泛突出代表性的民间文化艺术遗产。包括各种类型的民族传统和民间知识、各种语言、口头文学、风俗习惯、民族民间的音乐、舞蹈、游戏、礼仪、手工艺、传统医学、建筑术以及其他艺术等。这些丰富的历史文化遗产是中原文化在物质和精神领域的载体。

（七）境内历史文化资源地域色彩浓厚

河南地处中原，四方辐辏之地，占尽地利优势。同时又是四方文化交融之处，中原文化在形成过程中不断吸纳来自西方的秦文化、北方的草原文化、东方的东夷文化、南方的楚文化等外来文化，博采众长，融会贯通，使之内容更加多姿多彩。我们将之按地域划分：豫中文化区、豫北文化区、豫西文化区、豫东文化区、豫南文化区。如豫南文化区，在古代即处于中原文化与楚文化交接地域，因此它与中原文化有明显的不同之处。信阳、南阳地区发现不少楚文化遗存，如信阳长台关楚贵族墓群。其当地语言为南方语系。豫西三门峡地区受西方秦文化影响很深，境内发掘出不少秦人葬俗的墓地。其至今仍保留有不少类似与山西、陕西地区的民俗文化。如传承千年的豫西地坑院，这种居住方式在我国主要集中在甘肃、陕西、河南、山西一带的农村。

（八）历史文化资源精品多、价值高

河南的历史文化资源有许多堪称是"中国之最"或"中华一绝"。如裴李岗文化的确立，是中国考古学的重大突破，填补了新石器时代早期文化的空白；仰韶村仰韶文化遗址，是中国发现的第一个史前村落遗址，它的发掘开创了我国近代田野考古学的先河，是中国新石器时代考古的基础；偃师二里头遗址，不仅为夏代缥缈不定的历史打下了坚实的根基，而且为我们构筑了一个夏文化的时空框架；郑州商城、偃师商城遗址，作为商代早期的都城遗址，成为夏商文化分界的两个重要界标；安阳殷墟展示了商代文明最为辉煌的一页，向世人证明殷商一代不仅在中国历史中存在，而且已达到了相当高的文明程度，殷商甲骨文、商周青铜器闻名世界；濮阳出土的蚌塑龙，是中国最早的"龙图腾"遗物，距今有六千多年的历史等。这些历史文化资源精品具有很高的开发价值。

（九）不断创新发展

河南历史文化能延绵数千年，在于它自我继承的同时，又不断地创新发展，这也是河南文化生命力之所在、吸引力之所在。此外，有的学者把河南文化比喻为中华文化的"缩影"。有的学者认为，河南文化是农业文明的产物，带有明显的土著性，本身有一定的缺陷，尤其在向现代化迈进的今天，要善于扬弃和改造。

正是河南文化的上述特性，决定了河南文化对于历史进程的推动，对于中华文明的形成，对于民族精神的传承，对于经济社会的发展，都发挥了独特而重要的作用。

第二节 河南文化的功能

河南传统文化就是可以用作资源的河南传统文化。作为资源，不管是什么形态，它必须是同财富的创造相联系的。河南文化，顾名思义，是指可以用来创造出财富的河南传统文化形态。它是一种特殊的资源，是一种历史资源、民俗资源、知识资源、信息资源，蕴藏在历史文化传统之中。这一命题中，并不单一，其中包含三项要素，即河南传统文化、河南文化和财富。河南文化的现实形态是指那些"河南传统文化活动形式及其成果"。这是说河南文化的存在，既有动态的河南传统文化活动形式，也有静态的河南传统文化活动成果。在这一点上，河南传统文化和河南文化的外表形式几乎是相同的。正是这种表现形式上的相同，就使得河南传统文化转化为河南文化成为可能；再者，河南文化是可以投入到生产过程中并创造出财富的文化形态。所以作为资源的河南传统文化就具有了以下功能。

一 精神动力功能

河南传统文化大体可以分为传统物质文化和传统非物质文化两大类。传统物质文化多以具有历史、艺术和科学价值的文物，包括古遗址、古墓葬、古建筑、石窟寺、石刻、壁画、近代现代重要史迹及代表性建筑等不可移动文物，历史上各时代的重要实物、艺术品、文献、手稿、图书资料等可移动文物；以及在建筑式样、分布均匀或与环境景色结合方面具有突出普遍价值的历史文化名城（街区、村镇）等实体形态存在物。传统非物质文化则被各群体、团体，有时为个人所视为其文化遗产的各种实践、表演、表现形式、知识体系和技能及其有关的工具、实物、工艺品和文化场所，其大多是以精神、理念等观念形态存在。即使河南传统文化物质资源以一定的实物形态作为其载体，例如古迹文物等，但人们认为其有价值，主要并不是指它们的使用价值，而是其中蕴含着的珍贵的文化信息。文物古迹历史文献等往往是后人的敬仰之物，甚至还是人们顶礼膜拜的图腾。因为在这些历史文化遗产身上遗留了先人的思想和文化精神与信仰。

文化主要作用于人的精神思想领域，积极健康的文化使人心情舒畅、奋发进取，消极颓废的文化使人意志消沉、不思进步。通过开发积极健康的文化资源，可以为社会生产创造出无穷的动力。文化资源精神性功效是巨大的，是一个国家、一个民族、或某一地区长期以来所创造形成的共同心理结构、意识形态、生活习俗等精神财富的凝结。它对一个国家及其各族人民能够产生强大的凝聚力和激励作用。这种因价值观念的变化和传统文化的塑造而产生的凝聚力及生产热情，就是传统文化资源创造生产动力的功能的体现。

二　提供文化的可开发性功能

这一功能是河南文化功能的最直接的体现。以各种方式广泛存在的河南文化，在客观上为人们对其进行开发提供了可能性和条件。一方面，一些河南传统物质文化资源由于供需规律与古董效应，物以稀为贵，而部分文化产品，如绘画、雕塑、古建筑等，是不可再生的。这类文化产品经历一定年代后，价值往往超常增加。另一方面，不同文化素养的人群对同一个文化产品有不同的感受，人们对文化资源也有一个逐步认识的过程。再者，消费高层次化，也是人们对文化的需求程度，是走向文明的重要标志。按照马斯洛的需求层次概念（见图 2-1），人们的需求从低到高分为五个层次，低层次是物质需求，高层次是精神需求。随着社会发展，人们对高层次消费需求增加，文化资源的价值逐渐释放出来，文化是精神需求的主要内涵。

知识经济时代经济的一个新形态就是体验经济，体验经济是对消费高层次化的注释，进入体验经济阶段，文化资源的价值可以充分展现。由于

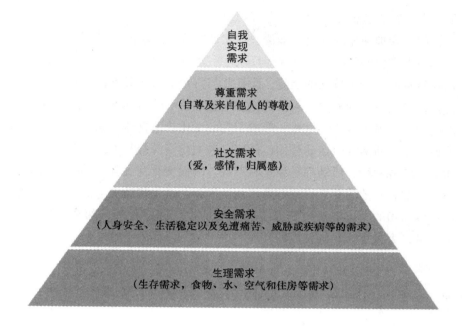

图 2 - 1 马斯洛的需求层次论

人们对特定的传统文化资源有着不同的理解思路和理解方式，加上河南文化的可开发性，利用现代科技手段，我们可以对河南文化进行进一步加工，以生产出满足特定需求的文化产品，并通过文化产品的销售实现开发者的经济目的。

三 文化传承功能

　　传承是河南文化的另一重要功能。任何一个民族的文化都是一种历史的积累，一个民族的文化大都经过从初创到发展，文化是这个民族共同智慧的结晶，是一代又一代人传承下来的。人们通过口耳相传、模仿、学习等方式，在上下代之间进行各种行为、技能、习惯的传承活动，使语言、技艺、民间艺术等无形遗产得以不断延续，从中能透视出一个民族古老而深厚的文化传统，折射出社会历史和文化变迁的轨迹，是一个民族长期形成的全部文化内容的缩影并以一种显性而独特的方式承载、传递着民族的传统文化艺术。在漫长的历史过程中，传承活动的进行使以动态表现为特征的无形文化遗产的保留和延续成为可能，并使之成为历史的一种活态见证。我们可以从现存无形文化遗产的各种表现，了解和获取过去人们的生活习惯、行为特征以及思想观念等信息。

四　增加商品的文化附加值、优化地方经济的功能

河南文化的价值要通过整体反映。一座古代建筑，其文化价值并不是该建筑本身有什么特殊的功能，而是其与特定的自然背景，河湖、山丘的衬托，古木花草的掩映，包括历代文人墨客留下的诗词歌赋，还有与其相关的历史传说等，所有这些，形成了它的文化价值整体。同时，河南文化价值还在于河南社会活动整体，任何一种文化资源都是人的社会活动的产物，人的各种社会活动都是相互联系的，因而文化资源都有其一定的历史背景，都和其他的文化形态有着密切的联系。通过将历史上的和现代生活中可供利用的文化资源进行开发，来增加地区经济发展环境中的文化含量，可以大大优化经济发展的环境。

第三节　发展河南文化的意义

一　开发河南文化是实现中原崛起的需要

河南是个文物大省，是中华文明的摇篮、文化的中心，悠久的历史积淀了丰厚的历史文化资源。河南境内已明确的各类文物点有 28168 处，每个乡镇都有分布。仅国家级重点文物保护单位就达 358 处之多，居于全国各省市中的首位。省级重点文物保护单位 1137 处，市县级重点文物保护单位达数千处。"大运河"、"丝绸之路"双双成功申报世界文化遗产，河南世界文化遗产增至 5 处。特别是河南人文荟萃，造就了灿若星辰的历史文化名人，像黄帝、伏羲、老子、李白、杜甫、李商隐、岳飞这些名人志士都在河南留下了不朽的业绩，为中华民族做出了突出的贡献，在中华文明史上写下了光辉的篇章，在中国古代历史文化中具有举足轻重的地位。他们的精神以及他们留下的大量的遗迹、遗物等，是十分宝贵的文化资源，可以鉴史、可以育人、可以兴业，在经济建设、社会发展和实现中原崛起的过程中，其现实意义是非常重大的。

二　开发河南文化是为河南精神文明建设提供重要载体

中华民族五千年的历史，不仅显示了各族人民的聪明才智和发明创造，而且还展现了为维护祖国大好河山，无数英雄儿女英勇捐躯、捍卫疆土的可歌可泣的史实。这面旗帜永远激励着炎黄子孙，使我国永远自强、

自立。在现实生活中，广大人民群众已自觉地继承了河南文化的优秀成分，并赋予了时代内容，创造出不少成功的范例。例如，林州人民发扬愚公移山精神，劈山炸石，修建人工大河——红旗渠，不仅改变了家乡缺水的面貌，而且还锤炼出了具有时代特征的"红旗渠"精神。爱国、爱家、爱集体是中原人民的又一优良品质。

三 开发文化资源是促进文化产业大发展的重要条件

河南拥有极其丰富的文化资源。仰韶文化、炎黄文化、夏商文化、汉文化、宋文化闻名海内外，河洛文化影响深远，都为中原大地留下了无数辉煌灿烂的历史文化遗产。而 2004 年以来，持续升温的"河南文化现象"更加令人瞩目："红旗渠精神展"影响广泛，以宣传村官李连成、民警任长霞、豫剧大师常香玉等时代人物典型事迹，相继引发戏剧、影视、图书等系列作品热，河南省委宣传部组织实施的"郑汴洛文艺精品工程"，先后推出《木兰诗篇》、《风中少林》、《清明上河图》和《河洛风》四台原创剧目，在丰富河南舞台艺术品种的同时，表现出面向市场、积极探索产业化道路的强烈愿望和全新走向。清明上河园是河南省开封市一个成功的文化旅游景点，2011 年，游客接待量达 162.36 万人次，旅游总收入已突破亿元大关，达到 1.05 亿元。它的成功主要在于有一个好的创意，将宋代的民间文化娱乐复原，参与性和娱乐性都很强。如何把文化做成人人喜闻乐见的大众文化是一个值得探索的问题。

四 开发文化资源可以为旅游产业增加含金量

在可持续利用的资源中，文化资源是最高层次也是最具开发价值的资源。河南文化与旅游的依存度很高，关联度很强，带动力也很大。文化旅游的产业化，可以使河南丰富的地域人文优势转化为区域经济优势，拉动经济增长。

河南要做文化强省，文化旅游是主力军。少林寺方丈释永信说："河南有什么山水？跟九寨沟能比吗？跟黄山能比吗？放在全球来看，山水打不出品牌，但河南的文化能打出品牌，少林寺、龙门石窟、安阳殷墟、道教文化、周易文化，随便一打都是世界级品牌。"

五 开发文化资源是推动企业发展和提高效益的重要支点

要发展企业就离不开资源，尤其离不开文化资源。一个企业的文化资源开发得如何，直接关联到企业的形象、员工的素质和产品的竞争力，决定着企业命运的兴衰。

南阳市是东汉时张仲景这位"医圣"的故乡，宛西制药厂正是坚持弘扬了这一宝贵文化遗产，20年来企业扩大了一千倍，还带动了地方经济腾飞，解决了2000人就业，形成了以宛药为龙头的产业链，帮助山区20万农民基本实现了脱贫致富，达到了经济效益、社会和生态效益同步提高的目的。

六 开发文化资源是增强城市和地区综合竞争力的重要因素

在经济全球化的大趋势下，随着中国加入世界贸易组织，如何提高城市和地区的综合竞争力，营造经济发展最优环境就显得非常重要。为此，一个极重要的因素就是要看谁更具有独特的文化积淀、文化载体的知名度和影响力。比如，武汉的东湖比杭州的西湖面积大6倍，但是它的名气、游客的数量远远比不上西湖。提起西湖，人们会不由自主地联想到苏堤、白堤、断桥，从而想到和其有关的很多名人轶事和美好的传说，让人神往。这就是文化的作用，东湖之所以输给西湖，就是输在了文化上。所以说，"山不在高，有仙则名。水不在深，有龙则灵"。一个城市，有了文化，就像水里有了龙，有了灵气。

这些年来，许多城市和地区都在这方面探索到了各自发展的新路子。河南省的洛阳、开封、安阳若能将深厚的文化底蕴开发出来、宣传出去，打造历史古都的文化品牌，必将充满吸引力和竞争力。

第四节　河南文化的精神实质

厚重、多元、辉煌的河南文化，蕴含着丰富的河南文化精神，突出表现在以下几个方面。

一 与时俱进的爱国奉献精神

爱国主义意味着对祖国的忠诚和热爱，列宁说它是"千百年来巩固起来的对自己的祖国的一种最深厚的感情"。中原古代，像北宋儒臣范仲淹，一生为官清正、爱国忧民，其思想学说积淀于中国及河南的优秀传统文化之中，影响到朝野及后世。其"先天下之忧而忧，后天下之乐而乐"的名句，体现出鲜明的爱国主义精神。在现代河南有吉鸿昌、杨靖宇、彭雪枫、狼牙山五壮士之一的宋学义等，他们以自己的行动丰富和发展了中原人民爱国主义的奉献精神。当代河南，有常香玉、焦裕禄、史来贺、任长霞等。常香玉所表现出的抗美援朝精神，是爱国主义的奉献精神；焦裕禄精神、史来贺精神、任长霞精神，更是新中国共产党员对立党为公、执政为民以及爱国主义奉献精神的新诠释。

2005 年 9 月，以爱国主义为核心的民族精神和以改革创新为核心的时代精神的宣传教育活动在河南省广泛开展，坚定了全省上下奋力实现中原崛起的信心。广大干部群众爱党、爱国、爱社会主义的热情转化为立足本职、多做贡献的实际行动，"为当地做贡献，为河南添光彩"活动在 1500 多万外出务工创业人员中广泛开展，各个行业、各条战线的先进人物层出不穷，任长霞、常香玉、陈新庄、李连成、李学生、洪战辉等一个个闪光的名字更是享誉全国。

二　独具特色的团结和平精神

团结统一、爱好和平，是整个中华民族伟大的民族精神。这种精神在河南文化中具有独特的表现。中国自秦汉以来就是一个统一的多民族国家，作为主体民族的汉族也是历史上融合、同化了许多其他民族而形成的。在中国历史上，如何处理境内各民族之间的关系及与周边民族之间的关系，一直是一个重大的政治课题。而在与西北草原地区游牧民族的关系方面，以汉族为主的中原农业民族基本上采取的是防御政策（长城即是这一政策的见证），并且还很注意在坚决抵抗入侵的同时兼用"怀柔"、"抚和"政策，如和亲、会盟、开放"互市"、赠送大量布帛丝茶等。这种民族关系的主流和有关民族关系的政策，应该说是儒家讲求民族大义"协和万邦"、"和为贵"、"厚德载物"、"顺俗施化"，道家和平不争思想等传统文化积极影响的结果。从中国的历史实际来看，维护民族独立而不向外扩张，追求团结凝聚、向往和平稳定，是中国文化的特点和优良传统，也是河南传统文化的特点和中原人民的价值追求。

三　底蕴深厚的勤劳自强精神

中原儿女自古就有着刚健勤劳、自强不息的精神。中原文化的基本精神基本上可以用《周易·大传》中的两句话作概括："天行健，君子以自强不息"；"地势坤，君子以厚德载物"。"健"即刚健，也就是运行不止、坚强不屈之意。"自强不息"，即积极主动，努力向前，绝不懈怠。这里包含着勉励作为、坚韧不拔之意。这种"刚健有为"、"自强不息"的精神正是中原人民乃至中华民族几千年延续发展的精神支柱，也是中原文化自我更新的内在思想源泉。这些先进的精神文化值得我们去宣扬去继承，将其运用到社会主义物质建设和精神文明建设中去。

勤劳勇敢、自强不息，是整个中华民族的写照，同时也是河南人民的象征。历史上的中原儿女，用自己的丰富实践创造了灿烂的河南传统文化，反过来看，灿烂的河南传统文化则昭示着勤劳勇敢、自强不息的民族品格。河南的"愚公移山"的故事就是这种民族品格的典型写照。

勤劳勇敢、自强不息的民族精神在当代河南的最独特表现是"红旗渠精神"。这条"人工大河"被国际上誉为"世界第八奇迹"，红旗渠是河南的骄傲和自豪，"红旗渠精神"已经成为河南精神的象征、代表和精神符号。焦裕禄领导兰考人民战风沙、抗灾害的顽强拼搏精神，杨水才"小车不倒只管推"的精神，史来贺、王洪彬、张荣锁带领群众不怕困难、勤劳致富、改变家乡面貌的精神等，都为河南人民勤劳勇敢、自强不息的崇高精神注入了丰富的现代内容。

第三章　新中国成立以来河南
文化发展历程

　　新中国成立以来，河南省的文化发展和文化体制改革的历程与全国发展的步伐是基本一致的，大致经历了三个阶段，第一阶段是从新中国成立到"文化大革命"时期，该阶段是河南省探索、研究文化发展和文化体制的初期阶段；第二阶段从1977年到2002年，该阶段是河南省文化发展与文化改革的恢复成长期；第三阶段是2002年至今，该阶段是河南省文化发展和文化体制改革的关键期。

第一节　河南1949—1976年的文化建设

　　新中国成立初期，在全国大规模地进行清除旧思想，改造旧习气，传播新文化的大背景下，河南省也开始对旧有的文化体制进行初步改革。1951年，河南省成立了戏曲改革委员会，主要改革原先的戏剧班社，目的是要破除艺人原有的旧思想、旧习气，树立文艺为人民的新思想；同时废除"养女制"等旧制度，建立新制度，使剧团成为党领导下的民主集中制的剧团①；收入分配方式也按照按劳分配原则；演出剧目的内容由原来的充满封建糟粕思想改为歌颂社会主义新中国、歌颂劳动人民。按照这种改革的思路，河南在挖掘自身传统戏的同时，积极引进外省剧目，建立了一批全民所有制和集体所有制的新型剧团。到1953年，河南省在发展文化馆、图书馆、电影放映队的同时，共成立了152个专业的表演团体，

---

　　① 郭俊民：《河南省偃师文化体制改革的回顾与思考》，河南文化网（http://www.hawh.cn/whzx/2008 –02/18/content_ 71742）。

将群众文化工作与当时的土地改革、民主运动等相结合，文化宣传活动多种多样，"百花齐放、百家争鸣"的方针得到了很好的贯彻，河南省的文化事业取得了良好的社会效果。

1956—1957年，河南省的现代戏和现代曲艺发展态势良好，创作成果层出不穷，使得河南省的文化建设出现了一个小高潮。但自从1958年"大跃进"开始，由于受到"左"的指导思想的影响，一批戏剧艺术家、文艺家被错划为右派，一部分深刻反映人民生活的文学作品受到批判，严重地打击了河南省文艺工作者的积极性和创造性。1958年11月在郑州会议上，河南省纠正了当前省内的一些有失偏颇的文化政策，使得逐渐走下坡路的河南文化事业有了转折。1960年前后，河南省文化战线按照"调整、巩固、充实、提高"的方针发展文化艺术，相继产生了《李双双小说》、《杏林春暖》等一部部反映社会生活题材的作品，《朝阳沟》被搬上荧幕，《风雪配》、《陈三两爬堂》等剧目更是全国巡演，极大地提高了河南文艺的知名度。到1964年年底，河南省共成立了123个曲艺表演团体，到1966年，河南省共有1057个电影放映队。[①] 但1966—1976年的"文化大革命"使得河南省的文化建设陷入低迷状态。在此期间，河南省的许多优秀传统剧目和创编剧目都遭到查禁，文艺服装和道具都被封存或焚毁；大批的文艺工作者遭到迫害；大量的文艺团体被撤销或合并。"以阶级斗争为纲"的路线使得河南省的文化事业受到了毁灭性的打击。

第二节　河南1977—2002年的文化建设

这一阶段是河南省的文化建设与改革的发展期。随着"文化大革命"的结束，全国的文化事业开始呈现出复苏和发展的局面。国家重新恢复了"百花齐放、百家争鸣"的指导方针，一批文艺工作者得到了平反，戏剧创作热情逐渐高涨。河南省也积极恢复了停滞的文艺工作，一个个优秀的剧目如《朝阳沟》、《穆桂英挂帅》等重新搬上舞台，文艺创作者的积极性高涨，不断有新创作的剧目上演，老、青、年三代演艺人员都纷纷登台

---

① 郭俊民：《河南省偃师文化体制改革的回顾与思考》，河南文化网（http://www.hawh.cn/whzx/2008－02/18/content_ 71742. htm）。

表演，文化事业呈现出繁荣发展的局面。在文艺发展的旺盛时期，我们发现自己的脚步跟不上时代的发展了，原有的文化体制的弊端在日益显现：臃肿的文艺团体，重复设置的文艺机构，文艺单位分不清公益性与经营性部门，所用的人财物奢侈浪费，人员流动缓慢，工作积极性不高。必须要对现有的文化体制进行改革，这样才能推动文化事业的繁荣发展，国家对此的感受最深，敏感度也最高，开始高度重视文化的发展，在1980年的全国文化局长会议上和1983年的国务院《政府工作报告》中明确提出要进行文化体制改革，经过两年的考察与调研，1985年国家针对文化发展情况提出进行"双轨制"改革。河南省积极响应国家号召，先后出台了一系列与"双轨制"相配套的文化经济政策，首先是在基础文化事业单位内部推行以承包经营责任制为主的改革，转换艺术表演团体的经费投入方式，最终形成以政府为主导，以文补文、多业助文的文化事业格局，以适应社会主义市场经济的发展。随着市场经济体制的改革，一些非公益性文化事业的产业属性逐渐显现出来，繁荣和活跃了文化市场。据统计，截至1988年年底，河南省已有2.6万多家集体和个人进入文化市场，省内设有电子游戏室1630家，游乐园64个，成立的社会艺术表演团体超过1000家。针对迅速发展的文化市场，河南各地市相继出台了一系列措施和条例，保障了文化的正常有序发展。

　　1992年邓小平同志南方谈话以来，河南省的文化体制改革工作又深入了一层。首先，河南省细化了文化市场体系，形成了文艺演出市场、网吧管理市场、音像市场等；之后重新调整了河南省文艺表演团体的格局，以河南省歌舞剧团代替了原先的河南省歌舞团和河南省曲艺木偶剧团，加强市县剧团的活力，将全省艺术表演团体总量控制在150个左右；在重组合并发展的基础上，深化文化单位的机制改革，将事业单位推入市场，让市场来检验单位的文化成果；逐步取消了"吃大锅饭"、平均主义的现象；随着改革的深入，特别是国家对于文化法制建设的重视，河南省的文化法制工作也在不断地加强，制定了省文化市场管理条例、经营性歌舞娱乐场所管理规定等一系列地方性法规，为河南省文化发展和文化体制改革奠定了基础。

第三节 河南 2002 年至今的文化建设

党的十六大的召开，以及一系列新的理论和政策的出台，为河南省的文化发展和文化体制改革工作指明了道路，推动了改革进程。十六大报告中第一次明确地将我国的文化建设分为公益性文化事业和经营性文化产业，十六届三中、四中全会分别提出了文化体制改革的总目标和要破除制约文化体制改革的障碍要求。

在这种大背景下，河南省也加快了文化体制改革的步伐。河南省省委、省政府专门成立了文化体制改革与文化产业发展办公室，出台了《关于大力发展文化产业的意见》等一系列政策，制定了关于促进文化产业发展和文化体制改革的意见。为积累经验，河南省特别成立了文化体制改革领导小组，设立了文化体制改革综合试点城市和改革试点单位，大胆实践，推陈出新，稳扎稳打。截至目前，河南日报报业集团已经建立了现代企业制度，中州影剧院等经营性文化事业单位转企改制进展顺利；依托资源，打造河南文化精品工程，推出了豫剧《程婴救孤》、现代戏《常香玉》、电视科幻剧《快乐星球》、歌舞剧《清明上河图》、木偶剧《牡丹仙子》、大型实景交响音乐剧《木兰诗篇》等一批优秀的文艺作品，《禅宗少林·音乐大典》更是赢得国内外的好评。①

与此同时，河南也更注重文化遗产保护工作，洛阳的龙门石窟和安阳殷墟被列为世界文化遗产。公共文化服务工程覆盖面逐步扩大，推出了文化信息资源共享、农村电影放映、流动舞台车等多项惠民文化工程，极大地丰富了人民的文化需求。

2011 年 7 月 23 日，河南省委、省政府印发了《河南省建设文化强省规划纲要（2011—2020 年）》（以下简称《纲要》）。《纲要》指出，今后 10 年是河南加快转变经济发展方式、实现经济社会转型的关键时期，也是推动文化大发展大繁荣的重要阶段。站在新的历史起点上，面对日益激烈的国际国内文化竞争和文化与经济加速融合发展的新趋势，我们必须充

---

① 《河南蓝皮书：河南文化发展报告（2010）》，社会科学文献出版社 2010 年版，第 191 页。

分认识文化建设在凝聚民族精神、提升公民素养、促进社会和谐、推动加快经济发展方式转变中的重要地位和作用。

第四节　其他划分方法

还可以根据新中国成立六十多年的发展过程将河南省文化建设划分为以下三个阶段。①

第一阶段从 1949 年到 1960 年。新中国成立不久，我国就确立了文化发展和文艺发展的为社会主义服务、为人民服务的"二为"方向和百花齐放、百家争鸣"双百"方针，为河南省文化艺术的发展指明了正确方向。在这个时期，我们根据当时的国情、河南省省情和社会发展程度，建立了适合当时计划经济体制的河南省文化管理体制，为河南省文化事业的发展奠定了基础。但自从 1957 年扩大的反右派斗争和错误的指导思想，使得"双百"方针受到了严重的干扰，刚刚起步的文化建设也没有得到很好的发展。虽然党和国家领导人对文化的发展也积极进行调整，制定了各项政策，但最终没能挽回局面。

第二阶段从 1966 年到 1976 年。这一时期，河南省经历了我国十年的"文化大革命"。这场实质为"政治大革命"的运动之所以冠以"文化"二字，是因为它是从文化领域开始"批判"的。其间，河南省一些优秀的文艺工作者遭到批判和迫害，正确的文化发展路线被扭曲和中断，"文化大革命"的十年浩劫给河南省的文化建设致以毁灭性的打击。

第三阶段以 1978 年党的十一届三中全会为标志，河南省随着我国进入了建设中国特色社会主义事业的发展新时期，也进入了文化体制的改革期。经济的发展和改革开放的深入使得原有的文化体制的弊端逐步暴露，经济体制改革和人民日益增长的物质文化需求催生着新的文化建设。改革开放 30 多年来，河南省的各项文化建设取得了辉煌的成绩。随着我国从"真理标准问题大讨论"到提出"社会主义精神文明建设的任务"，从提出"文化市场"的概念到提出"文化产业"的概念，从文化体制建设的

---

① 张晓明、胡惠林、章建刚等：《文化蓝皮书：2005 年中国文化产业发展报告》，社会科学文献出版社 2009 年版，第 39—54 页。

"双轨制"到文化事业和文化产业建设的"两手抓，两加强"，都表明在党中央国务院的英明领导下，河南省文化建设在大阔步地向前进。与此同时，党和国家大力资助艺术领域里的理论研究，河南省的各级文化部门不断加强对艺术创作的扶持和引导，这些都表明河南省的文化建设越来越具有方向性和目的性，文化体制改革的步伐也在明显加快。如今我们已初步建成了覆盖省、市、县、乡、村五级的城乡公共文化服务网络，形成了统一开放、竞争有序的文化市场体系，对外文化交流也在日益扩大。

第四章　河南文化区域划分

第一节　河南区域划分的依据

　　有关文化区的划分，目前有两种划分方法：一种是以中山大学司徒尚纪、朱站为代表，另一种是以复旦大学卢云、谭其骧和周振鹤为代表。司徒尚纪认为划分文化区应该遵循以下原则：①比较一致或相似的文化景观；②同等或相近的文化发展程度；③类似的区域文化发展过程；④文化地域基本相连成片；⑤有一个反映区域文化特征的中心。① 其中，①和②是最基本的，而在区划实践上，具有强烈地域性的语言和风俗又有特别重要的意义。

　　卢云先生详细归纳了划分历史时期文化区域的四种方法：描述方法、叠合方法、主导因素方法和历史地理方法。② 其中，描述方法依据区域相似性原则，叠合方法依据综合性原则和区域共扼原则，主导因素方法依据主导因素原则，历史地理方法依据发生学原则。谭其骧先生曾概括提出："文化区域的形成因素主要是语言、信仰、生活习惯、社会风气的异同"。③ 周振鹤先生认为：在不少国家，文化区划的主导指标是语言和宗教两项；在中国，语言当然是一项，但宗教观念并不发达，这一项还不如风俗显著。他从语言、宗教、风俗和人物等入手，对中国历史时期文化现象的地域差异及其形成的背景、原因和过程进行了深入、细致的考察，还从方言入手，全面分析了文化现象与地理环境之间的关系。认真对比上述两学派的划分方法，虽然二者在说法上大相径庭，但实质基本相同。主要

---

① 司徒尚纪：《广东文化地理》，广东人民出版社 2001 年版，第 60 页。
② 卢云：《文化区中国历史发展的空间透视》，《历史地理》1992 年第 9 期。
③ 谭其骧：《历史人文地理研究发凡与举例》，《历史地理》1992 年第 10 期。

体现在以下方面。

首先，司徒尚纪在划分原则上应遵循比较一致或相似的文化景观，而卢云先生则依据于区域相似性原则，二者虽表达方式不同，但其所要表达的意思完全一致。依据这种划分原则来划分文化区时，一般要结合卢云先生的主导因素方法，选出几个能反映文化区特色的主导因子。选用不同的主导因子，划分出来的文化区也往往不同。①

河南省境内地理环境复杂，可以分为豫西山地丘陵区、豫东平原区、豫南山地区和豫北太行山区，不同的地理单元表现出来的文化差异性较大，由此生成的各文化区也有着不同的历史发展过程。

如果根据省内农业文化景观的相对一致性，可以将河南省划为 7 个基本文化区（如图 4 - 1 所示）：豫西北区（中原城市群农业经济区）、豫中区（豫中城市群农业经济区）、豫东北区（黄河—陇兰东段沿线农业经济区）、豫东南区（沙颍河—平阜沿线农业经济区）、豫南区（淮河—宁西沿线农业经济区）、豫西南区（南阳盆地农业经济区）、豫西区（黄河—陇兰西段沿线农业经济区）②，但是如果依据省内风俗习惯和宗教信仰的基本一致性，又可将河南省划分为八个民俗文化区③：中原商都郑州民俗文化区、七朝古都开封民俗文化区、九朝古都洛阳民俗文化区、豫西风情民俗文化区、豫北风情民俗文化区、豫中风情民俗文化区、豫东风情民俗文化区、豫南风情民俗文化区。由此，视角不同，区划结果也不尽相同，因此在文化区的划分过程中，要选取最能反映文化区特色的指标，借鉴发生学原则，综合权衡，才能使得文化区划分更加科学合理。

其次，卢云提出的"发生学原则"与司徒尚纪提出的"同等或相近的文化发展程度和类似的区域文化发展过程"也不谋而合。所谓发生学原则，是指区域单位成因的一致性和区域发展性质的共同性。以综合文化区划而言，研究对象为地域文化综合体，而一定的区划单位乃是在独特的文化源头和独特的文化历史过程中形成的，因而发生学原则十分重要。视角不同，区划结果也不尽相同。因此，在文化区划的过程中，要选取最

① 郭宁：《山东文化的历史演进及山东文化区划研究》，硕士学位论文，安徽师范大学，2006 年，第 9 页。

② 张教平等：《省级农村经济区划研究——以河南省为例》，《地域研究与开发》1999 年第 4 期。

③ 魏敏、程健君：《中州大地的民俗与旅游》，旅游教育出版社 1995 年版，第 8 页。

图例
—— 省界线
········· 区域划分线

图 4 - 1　河南省农业经济区划

能反映文化区特色的指标，借鉴发生学原则，综合权衡，才能使得文化区划更加公正、合理。①

　　最后，卢云在讨论文化区划问题时，得出自然环境、行政区划、经济类型、移民以及城市发展是影响中国历史文化区域形成、演变的重要导因的结论。当然，文化区的成型绝非一蹴而就，因而应注意其历史演变与空间进程。从空间意义上讲，区划不仅有时间的相对性，也有空间的相对性。因此，司徒尚纪明确指出"同等或相近的文化发展程度"和"有一个反映区域文化的文化中心"也应作为区划基本原则，充分体现了文化区划中历史因素的作用。他还提出"一个文化区是由文化中心、文化核心区和文化辐射区（亚区）组成"的科学思路。这都极大地充实了文化区划的理论体系。在指标选择上，具有强烈地域性的语言民俗因素在大中尺度综合文化区划中常被采用。但是，小尺度的文化区划另择，单要素的文化区划如方言文化区划、宗教文化区划、音乐文化区划等则依文化要素特征选取合适指标进行区划。近来有人基于构建文化景观的判识原则和研究方法，提出了文化区划的指标体系，使人耳目一新。

　　在划分中原文化板块时，首先从地理、语言（方言）、宗教、风土人

　　①　郭宁：《山东文化的历史演进及山东文化区划研究》，硕士学位论文，安徽师范大学，2006 年，第 15 页。

情等表象入手，结合中原地区文化发展的具体特点，考察其在文化渊源的基础上所受自然地理环境、行政区划的影响，更要考虑因政治、经济等人为因素的介入所形成的决定文化发展方向的主导因素。在上述诸因素的共同作用下，在遵循行政区划完整性、区域相似及区间差异性原则以及发生学原则等基础上，选取方言、民俗、经济三个主因子，结合河南省各地自然条件的特征、文化景观的类型及分布，划分出 4 个文化区，经过充分调研，认为河南省可以划分为豫东、豫西、豫北和豫南四个文化区，其分布范围如图 4 - 2 所示。

图 4 - 2　河南省文化区域划分

河南省作为一个行政省而言，其文化区域首先是一个机能文化区。由于境内文化现象的地理分布具有明显差异，据此可以把河南省的文化景观划分为各有差异的若干区域。考虑到行政区划的完整性，尽力将同一地级市辖县市划分到同一文化区。每个文化区都有一个核心区，核心区周围是外围区，根据距离衰减原则，越向外围，核心文化区特征越不明显，两文化区的交汇地同时具备两个文化区的特征，文化区之间的界限由于文化本身的渐趋性特点无法确切划分。①② 根据上列原则，河南省文化区划方案如下：

豫东文化区：开封、郑州、商丘、周口、许昌、驻马店（除新蔡县、正阳县）。

豫南文化区：信阳、驻马店的新蔡县、正阳县，南阳的桐柏县。

豫西文化区：洛阳、南阳（除桐柏县）、三门峡、平顶山。

豫北文化区：安阳、濮阳、新乡、焦作、鹤壁。

第二节　河南豫东文化区

一　区域范围

豫东地区位于河南省中东部，是河洛文化的承继，以开封为核心，以郑州为副核心，在地域上包括开封、郑州、周口、商丘、许昌、漯河六个地区，地势低洼平坦，黄河和淮河平缓清澈与暴涨暴落。

二　发展脉络

黄淮文化区历史上是华夏文化与东夷文化的交汇地带，也是华夏、东夷、苗蛮三大文化碰撞、融合的中心地区。东部是历史悠久的海岱文化，东夷人进入中原影响并促进了华夏文化的发展；楚文化由这里南迁江汉，与苗蛮文化结合后繁荣发展，并反过来北上扩张，所以东部文化区应是一种复合型的文化。

豫东黄淮地区文明高度发展，淮阳古称宛丘，传说中的"二皇"即伏羲、神农氏先后在此建都；燧人氏、"五帝"中的颛顼、帝喾都曾在商丘生息，长期活动于中原的太昊、蚩尤、少昊都是东夷族的首领。太昊时期在考古学年代上当属大汶口文化早期，是由母系氏族向父系氏族的转变阶段，豫东是大汶口文化在河南的中心区，大汶口文化早期吸收了仰韶文化的诸多因素，中期则又反过来影响了仰韶文化；少昊承继太昊，辗转于

---

① 张晓红：《陕西文化区划及其机制分析》，《人文地理》2000 年第 3 期。

② 朱竑：《海南岛文化区域划分》，《人文地理》2001 年第 3 期。

鲁西南及豫东地区，其时代与黄帝相当，其势力西可达洛阳。黄帝与蚩尤大战，蚩尤战败，势力大大萎缩，退出了中原地区。夏初，东夷族有穷氏势力较强，利用夏王朝内部的矛盾，导致了太康失国、后羿代夏的一幕幕历史事件。商代称"东夷"为人方，考古学上属"岳石文化"，商人灭夏后，不断向东扩张，取代"岳石文化"。周克商后，将舜帝后裔妫满封于陈（今淮阳），封纣王庶兄微子启于宋（今商丘），以奉殷之先祀，黄淮地区成为中原文化的一部分，同时还保留着自己的文化特色。

豫东黄淮地区商为陈地，周为陈国，秦为陈郡，西汉为淮阳国，唐和北宋称陈州。《诗经》上的《陈风》，就是这里的民歌。战国时，楚襄王曾迁都于此。陈胜、吴广起义时，曾以此作都城。附近的太康县，相传是夏代都城之一，有夏代国王太康的陵墓。鹿邑县是先秦思想家老子的故乡。西华县相传是女娲之都，有女娲城遗址。

三 文化景观特征

黄淮地区久远的历史和浓郁的文化底蕴，造就了中国古代灿烂的思想源泉。道家创始人老子、继承者庄子都出生在这里，秦汉道家黄老之学在此崛起，并成为汉初的统治思想。儒家学说虽产生于齐鲁，但思想来源于周，直接影响来源于宋。作为中国传统文化主流儒家学说创始人孔子的祖籍地和主要活动舞台，其区域文化对中国传统文化产生了极为深远的影响，主要有：吃苦耐劳、强悍不屈、蔑视王权、天命、神权的性格，自由、开放的思维方式，尊重人的自主创造精神，强烈的自然主义观念等。《汉书·地理志》说：宋地"其俗犹有先王遗风，重厚多君子，好稼穑，虽无山川之饶，恶衣食，致其蓄藏"。李篙则在《归德志》中说：归德"士有忠义之风，民有仁厚之俗"。千百年来，孝敬父母、尊师爱徒、敬老爱幼、助人为乐、拾金不昧、勤俭节约等传统美德一直被继承下来，并发扬光大。[①]

第三节 河南豫南文化区

一 区域范围

豫南文化区包括信阳市，驻马店南部的正阳县、新蔡县，南阳地区东

---

① 史道祥：《论中原历史文化区域的形成及基本特征》，《郑州大学学报》（哲学社会科学版）2005 年第 38 卷第 4 期。

南部的桐柏县等地，地处中原文化和荆楚文化的交界处，它在古代分别以汝南、信阳和潢川为中心。传统上由于楚国文化的扩张在相当长时间内属于楚文化区；从中原文化来说是河洛文化向南部的延伸区，自汉以后与中原文化整体上成为一个系统，但又保持着自身的特点。

二　发展脉络

豫南新石器时代典型的考古学文化是屈家岭文化，继屈家岭文化而起的是石家河文化。如江汉平原湖北郧县的青龙泉遗址，下层是仰韶文化，中层为屈家岭文化，上层为石家河文化，而中上层文化遗址中，都有明显的中原仰韶末期庙底沟二期与河南龙山文化的因素存在。这种叠压与构成关系，说明了中原文化与南国文化的相互影响。

在阶级社会建立后，夏王朝的政治经济文化不仅在中原起着主导作用，而且以其强大辐射力向周边区域渗透。二里头文化的部分先民从伊洛平原南下丹淅、唐白河流域，并沿汉水南渐到长江流域，中原华夏部族与江汉先楚部族频繁冲突与接触。夏文化在江汉平原上出现的仅是一些点，而商文化势力多头并进的南下，打破了江南原始文化的整体统一性。《诗·殷武》："挞彼殷武，奋伐荆楚。"商代中期，殷人的势力不仅达到江淮，而且越过长江到达洞庭湖至湘赣一带。西周时豫南地区又先后建立了蒋、江、申、赖等诸侯方国，东周以后又建立了弦、黄、曾等诸侯方国，其中江、黄两国大量引进北方先进的农业生产技术使农业经济发达，故能结交中原齐、郑，同日趋强盛的荆楚相抗衡。但随着生产力的发展、社会的进步、奴隶制逐步向封建制转化，日益强盛的楚国兼并了豫南的部分方国，并将楚荆文化带入豫南。自公元前 688 年楚灭申到公元前 224 年秦灭楚的四百年间，豫南始终处于各诸侯国的争夺之中，战事不断，不论任何一种文化都很难在这块土地上占主导地位，所以豫南逐步形成了多方位多层次的文化形态。[①②]

三　文化景观特征

文化主体上，豫南的地域文化为大一统时的汉文化所师承，与北方的华夏文化合流，最终成为中国古代主体文化的一部分。但在文化特征上，豫南在衣食住行、风土人情、语言习惯等方面呈现出许多"南方人"的

---

① 马世之：《中原楚文化研究》，湖北教育出版社 1995 年版，第 10 页。
② 张伟然：《湖北历史文化地理研究》，复旦大学出版社 1995 年版，第 20 页。

特点，同时南北文化在此交融，文化过渡性尤其明显。历史上中原文化、荆楚文化、吴越文化在这里交汇碰撞，使豫南文化既有荆楚文化之流韵，又有中原文化之古风，还有吴越文化之逸俪。

<h2 style="text-align:center">第四节　河南豫西文化区</h2>

一　区域范围

本区位于河南省中西部，是中原文化的中心区域，以洛阳为核心，在地域上包括洛阳、三门峡、平顶山、南阳四个地区，是中华文明摇篮，而且是中国传统文化的主体，是中国主流文化的代表。这个文化区北有黄河，南有伏牛山，西有函谷关，东有虎牢关，地理位置险要，历史上是兵家必争之地；黄河、伊河、洛河等河流贯流其间，交通方便。本区是典型的双核发展模式，包括洛阳和南阳两个核心，虽然有地理阻碍，南阳在地理上属于豫南，但其文化发展还是从属于河洛文化，与河洛文化发展一脉相承。

二　发展脉络

1977 年，考古工作者在新郑裴李岗文化遗址中找到了早期新石器时代农业文化的线索，而渑池县的仰韶文化集中展现了中国母系氏族制度从繁荣到衰落时期的社会结构和文化成就，仰韶文化以豫西—陕西关中为中心，北到长城沿线及河套地区，南达湖北的西北部，西到甘青接壤地带，东至河南东部，在长达 2000 年的历史进程中，逐渐形成中华民族原始文化的核心部分，为中华民族文化机体的形成奠定了基础。

据载，豫西是华夏族活动的中心舞台，黄帝都于有熊（今新郑），帝喾都于号（今偃师），夏禹都阳城（今登封告成镇）、阳翟（今禹州），太康迁都斟寻卜（一般认为在今偃师二里头，一说今巩义稍柴村），商汤都亳（一说今郑州商城，一说今偃师商城）、仲丁迁隞（一说今郑州商城，一说为郑州小双桥遗址处）。周武王灭商后，迁九鼎于雒邑（今洛阳），成王即位，周公辅政，对雒邑进行了大规模营建，使之成为一座规模宏大的新的都城，称为"成周"或"新邑"。新都建成后，成王"迁宅于成周"，"三代之居皆在河洛"，丰厚的文化底蕴成就了著名的河洛文化。

汉唐时期是河洛文化的高度发展期。秦和西汉王朝以咸阳、西安为国都，但以洛阳为陪都。东汉建都洛阳，魏晋南北朝时期，洛阳曾经是曹魏、西晋和北魏政权的都城，北魏孝文帝迁都洛阳后，实行了一系列汉化措施，用汉语、改汉姓，改用汉制度量衡等。隋唐时期，洛阳长期作为陪都，称东都、东京，武则天废唐为周，在洛阳建造明堂，创立殿试。后来形成的豫东开封宋文化实际上是对河洛文化的承继，称为"后河洛文化"，是中原文化新的繁荣，开封作为七朝古都，因北宋建都而达到历史的高峰，使中原文化中心区东移，再一次成为中国主流文化，并传至海外。

三 文化景观特征

以都城洛阳为中心培育起来的河洛文化，不仅是中原文化的中心，而且成为当时中国主流文化的代表。学术思想上，是中国传统儒家、道家、法家思想产生的社会基础，是理学的发源地；宗教信仰上，是传统敬天礼祖崇神"天人一体"原始信仰的滋生地，是道教的重要起源地，同时又是佛教在中国传播的原点；语言上，是中原官话的发源地，在汉唐时代，是全国流行的普通话；思想行为上，是中国"礼仪之邦"的制礼初始，人民淳厚朴实、崇尚信义、乐善好施、豁达宽容。以洛阳为中心的皇家文化，在政治中心和经典哲学影响下的史学、文学、科技、艺术、教育熠熠生辉，人文荟萃，名家辈出。

第五节 河南豫北文化区

一 区域范围

豫北文化区位于黄河以北，太行山南麓，包括安阳、濮阳、新乡、鹤壁、焦作以及济源，以安阳为文化核心，以焦作为副核心，历史上的黄河多次改道，西汉以前黄河绕出龙门、砥柱以后转向东北，几乎横贯今河北省的中部，大略沿今撑沱河一线入海，另在荥阳附近分出一支济水东流入海，当时黄河下游的位置较今偏北很多。自汉代以后，黄河虽屡次变迁，基本上是自砥柱东流入海，占据了原来济水的河道，与今黄河走向大体相符。从整体上说，豫北文化是典型中原文化的组成部分。

二 发展脉络

豫北地区是人类早期活动的主要地区之一。早在旧石器时代晚期，安阳小南海就有猿人穴居野处、滨水而居；新石器时代早期，磁山、裴李岗文化典型遗址在此发现，中期主要为仰韶文化的后冈类型和大司空村类型，而濮阳西水坡"龙虎墓"的发现，被称为中华龙乡。至商代后期，豫北文化发展到最为灿烂的时期。

唐宋以前，古代黄河以北平原地区河湖密布、水源丰沛、森林茂密、气候温暖，这种自然环境对人们的生产生活以及心理情感、风俗习尚、学术文化造成很大影响，它和中华文明的中心地带始终处在同一文明线上，处在同一文化圈内。但是它从一开始就相对落后、微弱，这一状况无论是在东周时期中华文明的中心地带重新东迁到中原地区以后、在曹魏时期水陆交通可以横贯河北平原东西两条边缘以后、在南北朝时期北方门阀士族兴起以后，还是在南宋时期政治重心南移以后，都没有改变。

三　文化景观特征

豫北地区在文化上的特征就是慷慨悲歌、豪气任侠。商朝末期的重臣比干，历史上以死谏君的忠臣；战国时期济源人聂政，为报韩大夫严仲子的知遇之恩，刺杀韩相侠累于阶上，因怕连累与自己面貌相似的姊姊莹，持剑自破其面；卫国人荆轲，游历四方，结识豪杰志士，成为刺秦王的英雄。豫北地区的风俗特征是古朴厚重。《诗经·卫风·木瓜》说，"投我以木瓜，报之以琼琚"，"投我以木桃，报之以琼瑶"。从语言习惯上说，豫北整体上属于中原官话，但与晋方言、齐鲁方言、赵方言、燕东南方言混化，尤其受冀鲁官话的影响为重。

表4－1　　　　　　　　　　　　河南省文化区一览表

	豫西河洛文化区	豫北殷商文化区	豫东北宋文化区	豫南楚汉文化区
自然景观	土地肥沃，适宜农业，南为秦岭山脉	属太行山区，多峡谷峭壁，丘陵盆地相间	地势低洼平坦，黄河和淮河平缓清澈，暴涨暴落	山地盆地相间，亚热带向温带过渡地带
特色民居	窑洞、地坑院、地下四合院、山陕会馆	石板房、原阳夏家大院、河南卫辉小店河古民居群	穆氏四合院、侯氏故居、吴家大院等民居	南湖书院、松狮祠堂、龚寨民居等民居
语言景观	中原官话的发源地，包括洛嵩片、郑州片部分、南鲁片部分	包括中原官话中晋语片全部、兖菏片部分、郑开片部分	包括中原话中的商阜片全部、郑开片部分、漯项片部分	包括中原话中的南鲁片部分、信蚌片全部、漯项片部分

续表

	豫西河洛文化区	豫北殷商文化区	豫东北宋文化区	豫南楚汉文化区
饮食景观	以洛阳水席。带子上朝、假海参、粉浆面条为代表，具有古朴典雅，宫廷风味	以道口烧鸡、炒三不沾、烩菜、凉皮、武陟小吃等为代表，重实用，不重花样	以开封小吃、商丘五香糟鱼、商丘虾子烧素等为代表，充满市井风味	以信阳炖菜、信阳烤鱼等为代表，充满乡绅风味，儒雅气息
民风信仰	信阳程朱理学，宗教伦理思想盛行，勤俭尚义，崇文重教	民风淳朴、习俗颇富古趣，古朴厚重	先秦在淮北形成老庄道家学派，民风剽悍豪爽，即使走险，也群起响应	兼有淮北之刚，江南之柔，具有过渡地带的民风
戏曲艺术	豫剧、曲剧、扬高戏、越调、南阳子、宛梆	落（子）腔、怀梆、怀调、太平调、大弦戏、百调、四股弦、落腔、二夹弦	豫剧、曲剧、道情、柳琴戏、罗戏、坠剧、越调、二夹弦	花鼓戏、嗨子戏、卷戏、越调
文化品格	醇厚朴实、崇尚信义、乐善好施、豁达宽容	慷慨悲歌、豪气任侠、崇尚英雄	吃苦耐劳，强悍不屈，蔑视王权、天命、神权，自由、开放，尊重自主创造	南北文化在此交融，文化过渡性明显，勤快、精细、圆滑

第五章　河南文化景观

第一节　语言文化景观

　　河南话属于中国北方方言的一种，与其他北方方言有着很大的共同点，主要分布在河南省淮河干流北部的广大地区，由于河南人口众多，历来的战争、运动、经济活动和其他原因，人口的流动性使得全国其他地区也有以河南话为主的群体。

　　因此，河南方言包括河南省98个市县、河北省南部两个市县、山东省西南部31个市县、山西省西南汾河谷地28个市县、安徽省淮河以北22个县市和淮河以南的凤阳县—蚌埠市—霍邱县—金寨县、江苏省徐州市—宿迁市—连云港市东海县赣榆县、陕西省安康市白河县。

一　语言文化景观的发展脉络

　　(1) 黄帝打败炎帝，二者联合击败了东夷，华北平原西部、汾河渭河平原的炎黄后裔逐渐融合成华夏族，夏、蓟就是华夏族的两个分支。夏朝统治中原西部，其语言乃炎黄融合的原始华夏语；蓟统治北京，其语言乃黄帝的原始华夏语。

　　(2) 商族语言最初是华夏化很深的东夷语，流行于中原东部（今鲁西南—冀南—豫北—皖北—徐州），商朝统治中原几百年后，逐渐与中原的夏族语言融化成今日中原官话的雏形——华夏语。

　　(3) 以洛阳为标准音的华夏语后来成为东周通用全国的雅言，《诗经》的语言就是雅言，孔子讲学用的就是雅言。秦朝时推行"书同文"，民族共同语的传播有了政治上的保障。汉代雅言演化为"通语、凡语"，西汉扬雄编著的《方言》就是用"通语"来解释各地的方言，这是我国第一部方言著作。魏晋南北朝时，以洛阳语音为标准的"通语"从中原传向北方和江左一带。《魏书·咸阳王禧传》就有关于北魏孝文帝通令"断胡语",用正音(洛阳话)的记载。南朝宋齐梁陈都建都于金陵(今南京),当时的金陵话是洛阳话的沿用。

(4)隋炀帝杨广以洛阳为首都,推广以洛阳为代表的正音和正语。唐朝时,洛阳话仍然被看作汉民族共同语的基础。唐代科举时赋诗作文也提出了语音方面的要求,即要符合从魏晋南北朝流传下来的以洛阳语音为标准音的《切韵》的规范。北宋都汴梁(今开封),洛阳话和汴京话十分接近,两地流传的语音被称为"中原雅音",与今日河南方言几乎完全一样。南宋定都杭州,中原雅音也随之扩大影响,以至于今天的杭州话还同中原官话有许多相似之处。今日北方官话之所以与河南方言大同小异,是历史上北方官话区长期以河南方言为标准来规范自己的语汇和语法系统而形成的。

二 语言文化景观特征

中原官话的特性是和其他官话相比较而言的,和其他官话既有共性,又有特性。从声调来说最主要的是古入声清音声母和次浊声母字今读阴平,古入声全浊声母字今读阳平,现在以中原官话和其他官话在古入声问题上作比较:中原官话和江淮官话相比,中原官话今无入声,江淮官话有入声。

中原官话和西南官话相比,中原官话古清音声母和古次浊声母字今读阴平。① 西南官话的古入声字今读阳平。中原官话和兰银官话相比,兰银官话的古入声清音声母和次浊声母字今一律读去声。中原官话和冀鲁官话相比,共性是古清音声母入声字今读阴平、古全浊声母入声字今读阳平,中原官话古次浊声母入声字今读阴平,冀鲁官话今读去声。中原官话和胶辽官话相比,胶辽官话古清音声母入声字今读上声、古次浊声母入声字今读去声。

中原官话和北京官话、东北官话相比,其差别在于古清音声母入声字北京官话和东北官话今分归阴平、阳平、上声、去声;而东北官话以今读上声字为多数。此外在声母、韵母等方面中原官话与北京、东北官话也有明显的差别。

三 语言文化景观的地域差异

汉语方言差异,先秦已经存在。扬雄《方言》一书,所分西汉的13

---

① 贺巍:《中原官话的分区(稿)》,《方言》2005年第2期。

个方言区中，郑韩周、梁和西楚、魏卫宋、陈郑之东郊，都在今河南境内或涉及河南部分地区。中原不同地区的方言也略有不同，就是同一个县，有的也分几个小方言区域。特别是豫北焦作一带，保留古入声字，自成入声调，既不同于华北方言片，也不同于西北方言片。

中原官话在八个官话区的方言中分布的范围最大。从东到西纵跨河南、山东、安徽、江苏、河北、山西、陕西、甘肃、宁夏、新疆、青海等十几个省区，如果以一县市作为一个调查点，分布在这个地区的中原官话共有 387 个县市。在河南省内中原官话可分为 9 片，其地理分布的范围以及包括的各县为（如图 5 - 1 所示）①②。

（1）兖菏片：范县、郸城县、台前县。

（2）郑开片：郑州市、开封市、开封县、荥阳市、滑县、长垣县、封丘县、原阳县、兰考县、民权县、杞县、通许县、中牟县、尉氏县、新密市、新郑市、鄢陵县、南乐县、内黄县、清丰县。

（3）洛嵩片：洛阳市、嵩县、巩义市、登封市、偃师市、孟州市、孟津县、伊川县、新安县、宜阳县、渑池县、洛宁县、三门峡市、义马市、栾川县、卢氏县。

（4）南鲁片：南阳市、鲁山县、长葛市、临颍县、郾城县、许昌市、许昌县、平顶山市、舞钢市、襄城县、郏县、禹州市、汝州市、汝阳县、宝丰县、叶县、舞阳县、西平县、遂平县、方城县、南召县、西峡县、淅川县、内乡县、镇平县、社旗县、泌阳县、唐河县、邓州市、新野县。

（5）漯项片：漯河市、项城市、扶沟县、西华县、周口市、淮阳县、商水县、上蔡县、汝南县、驻马店市、确山县、正阳县、平舆县、新蔡县。

（6）商阜片：商丘市、睢县、太康县、宁陵县、柘城县、虞城县、鹿邑县、夏邑县、永城市、郸城县、沈丘县。

（7）信蚌片：信阳市、桐柏县、息县、淮滨县、罗山县、潢川县、光山县、新县、商城县、固始县。

（8）汾河片：灵宝、卢氏县。

（9）晋语片：安阳市、林州市、汤阴县、安阳县、鹤壁市、浚县、

---

① 刘雪霞：《河南方言语音的演变与层次》，博士学位论文，复旦大学，2006 年，第 17 页。

② 王临惠、张维佳：《论中原官话汾河片的归属》，《方言》2005 年第 4 期。

淇县、新乡市、新乡县、辉县市、卫辉市、延津县、修武县、武陟县、获嘉县、温县、沁阳市、博爱县。

图 5－1　河南省境内中原官话的分布与分片示意图

四　语言文化景观代表——语言标识

语言是人类重要的交际工具。自古以来，中原人就是依靠自己的地方语言交流思想，创造文化的。中原的方言土语、谚语、歇后语，甚至谜语，都有丰富的文化内涵和鲜明的地方特色。由于语音、声调不易表达，语汇也很能说明问题，现分类略做一记述①（如表 5－1 至表 5－11 所示）。

表 5－1　　　　　　　　语言代词称谓的地域差异比较

普通话	方言	普通话	方言	普通话	方言
你	恁	母亲	娘	女婿	客
你们	恁们	伯父	大爷、大伯	男人	外头人

---

① 单远慕：《中原文化志》，上海人民出版社 1998 年版，第 501 页。

续表

普通话	方言	普通话	方言	普通话	方言
我	俺	伯母	大娘	女人	屋里人
我们	咱们、俺们	继父	大大、叔叔	猎人	打坡的
曾祖父	老太爷	继娘	娘、姨、姨娘	接生婆	拾小孩的
曾祖母	老奶奶	外祖父	姥爷、外爷	丈夫	妮儿她爹、孩儿他爸
祖父	爷爷	外祖母	姥姥、外奶	夫兄	大伯子哥
祖母	奶奶	舅母	妗子	连襟	一条擦、一担挑
父亲	爹、大	女儿	妞、妮儿		

表 5 - 2　　　　　　　　人体部位语言表述的语言差异比较

普通话	方言	普通话	方言	普通话	方言
咽喉	胡咙眼	赤身	赤肚猴	肩膀	将膜头
腋下	胳老肢儿	头	顶脑、帝脑	肘	胳膊柱
膝盖	不罗盖、胳老把儿	脚掌	脚底板	拳头	锤、锤头
乳房	妈儿、妈妈、密	中指	三拇指		

表 5 - 3　　　　　　　　时间表述的语言差异比较

普通话	方言	普通话	方言	普通话	方言
今天	今个儿、今儿个、今儿	现在	正会儿、丈夜儿	上午	前晌儿
明天	明个儿、明儿个、明儿	中午	晌午、晌午头	下午	后晌儿
昨天	夜个儿、夜儿个、夜儿	刚才	江江儿	傍晚	擦黑儿
前天	前个儿、前儿个、前儿	前年	前年个	过去	起先
去年	年时个、年稍	今年	基年	后天	过明儿、后个

表 5 - 4　　　　　　　　食物表述的语言差异比较

普通话	方言	普通话	方言	普通话	方言
馒头	馍	面汤	糊涂	白开水	茶
粥	汤	油条	油馍	面醭子	面头
饺子	扁食	点心	果子	吃晚饭	喝汤
面粉	好面	腐竹	豆筋	肘子	蹄花

表5-5　　　　　　　　　　衣物表述的语言差异比较

普通话	方言	普通话	方言	普通话	方言
大衣	大氅	棉絮	套	围巾	围脖
背心	坎肩儿	被子	盖体	拖鞋	踏拉板儿
褂子	布衫	褥子	铺底		

表5-6　　　　　　　　　住所及用物表述的语言差异比较

普通话	方言	普通话	方言	普通话	方言
正房	堂屋	台阶	扇台子	门上	门高头
厨房	锅屋、灶火	卧室	里间	野外	满地里
角落	旮旯	磨房	磨道、磨屋	渡口	埠口
地面	脚地	上边	高头、顶儿上	家具	家使儿
灶	锅底	门闩	门插板子	锅铲	铲锅、抢锅刀
幕布	遮堂	门帘	门帘布搭	棺材	木头

表5-7　　　　　　　　　　动物表述的语言差异比较

普通话	方言	普通话	方言	普通话	方言
麻雀	小虫、山喜虫	蛇	长虫	蚯蚓	出串
乌鸦	老呱、黑老呱	青蛙	水鸡	蜻蜓	蜓蜓、马朗
喜鹊	马野雀	蝙蝠	夜憋虎	蜘蛛	蛛蛛
跳蚤	虼蚤	壁虎	蝎虎	蝉	马即了
蜥蜴	蛇出旅儿	蚂蝗	马鳖	蟋蟀	蛐蛐儿

表5-8　　　　　　　　　家畜、家禽表述的语言差异比较

普通话	方言	普通话	方言	普通话	方言
牛	欧	公猪	牙猪	公猫	郎猫
公牛	键子、忙欧、老健头	母猪	草豚	母猫	女猫、咪猫
母牛	特欧	公驴	叫驴	母鹿	草鹿
公马	儿马、叫马	母驴	草驴	公狗	牙狗
公山羊	骚胡	母羊	水羊	公绵羊	屹得
母马	水马	鸭子	扁嘴		

表 5 – 9   大体气象表述的语言差异比较

普通话	方言	普通话	方言	普通话	方言
太阳	日头	虹	将	月亮	月奶奶
雷	忽雷	闪电	火闪	阳光下	太阳地
冰雹	冷子	冰柱	琉璃		

表 5 – 10   作物与农事活动表述的语言差异比较

普通话	方言	普通话	方言	普通话	方言
玉米	玉黍	套种	套庄稼	杏	横
辣椒	秦椒	掘地	刨地	南瓜	倭瓜
花生	罗生、拉生	轮作	调茬		

表 5 – 11   行为表述的语言差异比较

普通话	方言	普通话	方言	普通话	方言
逃学	来学	蹲	姑堆、圪蹴	故作阔气	骚包
娶亲	接老婆	发呆	瘴征	大小便	解手
出嫁	出门	外行	白脖	脏	格意
生病	不得劲	恰好	看好	骂人	绝人、卷人
小孩打架	格气	没关系	没啥子	性情鲁莽	二杆
剩下	卯下	唢呐	响器	赖账	黄账
野蛮	二旦、二球、二百五	可以	中	不值得	搁不住
羡慕	眼气	划拳	猜枚	估计	约摸
悬挂	滴溜	神像	神胎	痒	瓷闹
谈天	喷空	不知道	不着儿	试一试	样当样当

第二节　宗教文化景观

一　佛教文化景观

（一）发展脉络

佛教创立于公元前 6—5 世纪的古印度，创始人为位于今尼泊尔境内的迦毗罗卫国王子乔答摩悉达多，即释迦牟尼。公元前 1 世纪，佛教沿丝绸之路从大夏（今阿富汗）、安息（今伊朗）等国开始东传。西汉末年，西域使节和商人给汉地带来佛经。东汉明帝时，佛教正式传入中国，佛寺首先建在洛阳，又沿汴水往东传播，依次在陈留、睢县、徐州建起佛寺。十六国时期，中原战乱不止，给人民带来巨大灾难，悲观厌世并对未来抱有幻想的佛教教义颇合人心，佛教得到较大发展；北魏迁都洛阳后，中原佛教发展到空前的水平，闻名中外的龙门石窟，就是北魏时期开始开凿的。东魏、北齐以邺城为首都，继承了北魏的崇佛传统。北周武帝宇文邕，尊儒灭佛，焚经毁像，没收寺院财产，勒令僧尼还俗。

隋文帝推行佛教治国政策，中原在北周时被捣毁的寺院得到恢复；唐初崇道抑佛，尊老子李耳为皇室始祖，借以神化政权。但佛教传入中原已五百余年，基础深厚，虽有政府限制，但仍不断发展。武则天称帝时，因得到佛教支持，在龙门石窟大造佛像。唐代中原，禅宗盛行。五代各朝一般都压制佛教，但中原民众依然信佛。

宋初对佛教采取保护和鼓励政策，开封成为全国佛教中心。译经中心也由洛阳转到开封。北宋中原，对外佛教交流进一步发展。北宋中原佛教界重视教义的理性思考，不拘泥于佛经的章句和古注，已结束与儒、道的纠纷，三教合一。

可以说东汉中原佛教界热衷于译经，南北朝隋唐中原佛教界忙于注经和讲经，宋代中原佛教界已由讲经转向谈禅。中原佛教在宋代完成了世俗化，从此与民众生活血肉相连，对后世影响很大，其后中原佛教衰落。

（二）代表性文化景观

自佛教传入中原后，1900 多年来，中原出现了许多有名的高僧。他们在佛学、科技或其他文化方面，曾作出卓越贡献。中原历史上有无数佛教寺院，有些至今在国内外还有很高知名度。寺院不仅是僧尼居住和从事佛教活动的场所，也是译经和传授佛学的学府，更是重要的佛教文化景观。

表5-12   高僧文化景观及其文化感知

代表僧人	年代籍贯	景观感知
朱士行	三国颍川（今禹州）人	在今洛阳白马寺依佛教戒律受戒，成为中国最早受戒出家的汉僧，也是中国第一个西天取经求法的僧人
玄奘	初唐洛州缑氏（偃师）人	翻译佛经，创立唯识宗，传播因明学，由于照搬印度思想较多，不大符合中国国情，在佛教八大宗派中寿命最短，所撰《大唐西域记》则是研究中亚和印度等地不朽的历史地理文献
神秀	初唐汴州（尉氏）人	禅宗北派法系创始人，遵循达摩以来的传统，主张"渐悟"，他著名偈语为："身是菩提树，心如明镜台，时时勤拂拭，勿使惹尘埃"（《坛经》）
一行	唐代魏州昌乐（南乐）人	博览经史，尤精历算、阴阳、五行之学。中国密宗的第一代传人，主要成就在科技上，曾实测地球子午线，编制《大衍历》

表5-13   寺庙文化景观及其文化感知

代表寺庙	建寺年代	景观感知
洛阳白马寺	东汉永平十一年（68年）	中国第一古刹，为"祖庭"和"释源"。中国早期的佛经的翻译地。对中国早期佛教的传播起决定性作用
登封少林寺	北魏孝昌三年（527年）	菩提达摩在少林寺开创"禅宗"，被称为禅宗祖庭；宋代号称"天下第一名刹"。是少林武术的发源地，历史上曾养有僧兵
开封大相国寺	北齐天保六年（555年）	称为"皇家寺院"，北宋是其全盛时期，是推动佛教信仰大众化的净土宗祖庭，云门宗的大本营
浚县天宁寺	北魏太和年间	拥有中原乃至北方的第一大佛，宽10米多，高21.33米，为善跏趺坐式弥勒佛像
汝州风穴寺	北魏	流行最广的临济宗祖庭，有塔林三处，是仅次于少林寺的中原第二大塔林
卫辉香泉寺	北齐天保七年（556年）	中国第一个佛教慈善场所，专门收治麻风病的"病人坊"，开中国佛教慈善、医疗之先河

图5-2 洛阳白马寺

图5-3 登封少林寺

图 5-4　开封大相国寺

图 5-5　浚县天宁寺

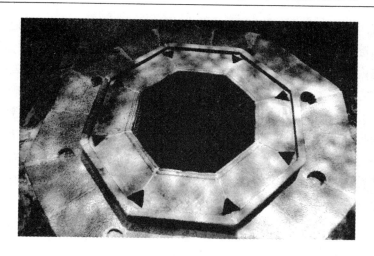

图 5 - 6　卫辉香泉寺水泉井

二　道教文化景观

（一）发展脉络

中原是道教理论的主要源头，河南省鹿邑人李耳被道教尊为教主，其《道德经》被奉为主要经典，著名的道学家成玄英、内丹修炼法创始者陈传、太一教创始人萧抱珍、东华派创始人宁全真也都是河南省人。道教以"道"为信仰核心，强调内以治心，外以救世，重生恶死，崇尚自然、清净寡欲。

隋唐时期，统治阶级大力扶持，道教发展达到鼎盛，并真正发挥了正统宗教的功能。① 道教体现的是中华民族传统信仰的特质，内含着中国传统文化的基因，是中华民族文化传统的重要支柱，对中国历史上的政治、经济、哲学、文学艺术、医学、化学、养生、天文地理、民间信仰以及社会习俗等各个方面有很大影响。

在近 2000 年的发展与演变中，道教吸收了儒学和各种外来宗教特别是佛教的养分，鲁迅先生曾经说过，"中国的根柢全在道教"，这是对道教在中国传统文化中的地位和作用的科学概括。

（二）代表性文化景观

道教在河南省近 2000 年的发展与演变中，留下了丰富多彩的宗教文

---

① 王天奖：《河南省大事记》，中州古籍出版社 1993 年版，第 243 页。

化景观。一些著名洞天福地和宫观遍布全省境内。据《道藏》记载，道教名山胜境有"十二大洞天"、"三十六小洞天"和"七十二福地"。河南省境内的洞天福地有王屋山、嵩山、桐柏山和北邙山。著名的宫观有鹿邑太清官宫、浚县碧霞宫、洛阳上清宫、开封延庆观、南阳玄妙观、济源阳台宫等较大宫观。其中，王屋山为"十二大洞天"之首，而登封中岳庙是历代皇帝祭祀中岳神的地方，是我国现存最早、规模最大的道教建筑群之一，嵩山至今仍是河南省道教活动最多、道教遗迹较多的地方。中原文化孕育了道教的产生、民族特质，道教的发展演变也进一步丰富和影响了中原文化。

三 伊斯兰教文化景观

（一）发展脉络

伊斯兰教随着迁移流动的穆斯林传入中原，在适应中原社会文化环境的过程中传播、发展；唐宋时期，仰慕中华文明的穆斯林在汴京（今开封）、洛阳等都市定居，伊斯兰教随之在中原扎下了根；明清两代，迁移到中原地区的穆斯林更多，以大分散小聚居的方式，分布在河南省几乎所有县市。凡穆斯林聚居的地方，都建有或大或小的清真寺。清末，河南省清真寺的总数已有 500 余座，随着其数量的增多，伊斯兰教成为中原大地上令人瞩目的宗教文化景观存在。

（二）代表性文化景观

千余年来，伊斯兰教不断借鉴和吸纳本土文化中的优秀成分，进行文化创造，形成独具特色的文化品性。儒家文化精髓如仁义、人伦道德观念等融入伊斯兰教后，生成了具有中国特色的伊斯兰教理念，这些理念体现在中原穆斯林的思想观念和日常生活中。中原穆斯林和伊斯兰教最重要的文化贡献，是清真女学和清真女寺的创办。

1. 清真女学及女寺

明末清初中原穆斯林创办了女学（女子经堂教育），清晚期演变为由女阿訇主持的女寺。到民国，与男女平等的时代精神相契合的清真女寺文化，迅速传播到国内绝大多数省市区。这一独有的宗教文化景观，引起了当今世界的兴趣和关注。

2. 特色建筑

遍布全省各地的清真寺建筑，融中国传统殿宇形制与伊斯兰教规范为一体，如沁阳市清真北大寺、水南关清真寺，沈丘至元寺，开封清真东大寺，朱仙镇清真北寺，郑州北大寺等。沁阳市清真北大寺保存完整，极富特色，其中颇受中国建筑学家关注的礼拜大殿和与之相连的楼阁式窑殿，是中原传统建筑文化与伊斯兰教建筑文化完美结合的产物；朱仙镇清真寺礼拜大殿隔扇门上装镶的大片透明鱼鳞，相传系明嘉靖年间运来，为国内罕见。

　　宗教文化作为民族文化的一部分，流淌在人们的血脉当中，成为人们的生活方式和民族习惯。经过千百年的发展，儒、释、道三种文化已经深深熔铸在我们民族的生命力、凝聚力和创造力之中。当代中国，我们应当吸纳包括宗教文化在内的传统文化中的一切积极因素，包括基督教文化在内的西方文化中的积极因素，以实现民族文化的伟大复兴。

第三节　艺术文化景观

一　戏曲类文化景观

（一）发展脉络

　　中原戏曲源远流长。明清以来形成的中原地方戏曲（指产生于河南的戏曲），剧种繁多，类型亦各有不同，虽然有些剧种已经衰落，但大多数仍然广泛流行。中原戏曲起源很早，河南项城出土有汉代三层百戏陶楼，洛阳烧沟汉墓出土有九个百戏陶俑，生动、夸张、质朴有趣。然而作为完整的戏曲艺术，是在宋代以来才形成的，宋代杂剧是中原也是中国最早的独立的戏曲形式，河南偃师、温县、禹州、洛宁都出土有北宋杂剧砖雕。元代，杂剧盛行，中原出了不少杂剧作家，如郑廷玉、宫天挺等，演员有梁园秀、王金带等，在唱腔上元代河南有"中州调"，与河北的"冀州调"不同。

　　明代是中原戏曲大发展的时期，唱腔属北曲系统，昆腔开始传入河南。清代中原戏曲的发展势头比明代更大，地方剧种纷纷形成，出现了职业民间班社，如乾隆末年河南密县（今新密市）超化煤窑太乙班，同治年间的许昌山西油行的大油梆戏班。在班社之间的激烈竞争中，河南梆子发展起来。清代中原的戏楼很多，因地制宜，风格各异。豫北多双脊卷棚式，豫西多两面坡式，豫南多亭榭式，临河有戏码头和船戏台，还有可移动的太平车戏台等。

图 5 − 7　宋代东京欣赏演出的场所——勾栏

图 5 − 8　太平戏车

民国时期，河南梆子势力遍及全省，大弦戏、百调和怀调开始衰落，曲剧和坠剧开始兴起。新中国成立后，对地方戏曲进行改革，中原编演现代戏，60 年代处于全国先进行列，豫剧《朝阳沟》等曾产生很大影响。

图5-9　《朝阳沟》剧照

　　河南是中国重要的戏曲之乡。河南的戏曲文化历史悠久。隋唐时期，河南戏曲文化得到迅速发展。隋炀帝曾在洛阳多次举行乐舞演出，唐玄宗时期，洛阳的"梨园"成为当时盛极一时的戏曲活动中心，河南地区涌现出公孙大娘、庞三娘、李十二娘等著名戏曲、舞蹈演员。北宋时期，河南戏曲文化进一步走向繁荣。木偶戏和皮影戏成为当时活跃于河南地区的主要戏曲艺术。始于唐末年间的杂剧也在这一时期得到了很大的发展，在开封演出的杂剧《目连救母》，被称为中国戏曲走向成熟的标志而载入史册。元代时期，杂剧和散曲更为成熟，涌现出很多反映河南地区社会生活的杂剧，当时著名的杂剧作家就有安阳籍郑廷玉、赵文殷，他们两人共计创作了27种杂剧。元代以后，河南戏曲文化的发展尤为迅速，先后有弋阳腔、青阳腔、罗罗腔、梆子腔、罗戏、梆戏、卷戏、二簧、越调、豫剧、曲剧、乱弹等传统剧种在河南境内存在或流行。

　　河南戏曲剧种数量众多，类型丰富。明清以来，在河南有据可查的曾经流行的剧种有70种之多。1952年，河南省的专业戏曲团体有152个。1984年，河南全省的专业戏曲团体有了280个左右。此外，河南还有大量的农村业余剧团，新中国成立后历次统计不低于5000个。到了80年代，有专业或业余剧团演出的戏曲剧种仍有31种，主要有豫剧、曲剧、越调、大平调、宛梆、怀梆、怀调、落腔、道情戏、四平调、柳琴戏、坠剧、豫南花鼓戏、蒲剧、大弦戏、京剧、二夹弦等。这些剧种都属于戏曲大家族，它们有许多相同或相似之处，但细细品味，又风格各异，迥然有别。大体上我们可以把它们分为地方大戏和地方小戏。所谓"大戏"，就是较多地上演反映政治斗争、军事斗争这类社会重大问题的剧目，行当齐全，生旦净末丑均有，而又往往以黑脸、红脸为主，豫剧、越调、大平调、怀梆、怀调、大弦戏等就属于此类。这类戏，都有热烈、红火、激昂、明快等特点。所谓地方小戏，是多演表现家庭纠葛、生活情趣的戏。它以小生、小旦为主，或以小生、小旦、小丑为主，称为"二小戏"或"三小戏"。在河南，曲剧、二夹弦、道情戏、豫南花鼓戏等，都是地方小戏。1956 年年底，河南举办了首届戏曲观摩演出大会。这是一次河南地方戏的大展览、大检阅。23 个剧种，演出 93 个剧目，真可谓百花争艳，一片繁荣。1965 年 9 月，中南区在广州举行戏剧观摩演出大会。河南参加演出的现代戏剧目达 11 出之多。其中《游乡》、《扒瓜园》、《斗书场》，被观摩演出大会推荐北京汇报演出，《人欢马叫》被西安电影制片厂拍摄为戏曲艺术片。接着，观摩演出大会又把河南的《人欢马叫》、《李双双》、《朝阳沟》、《游乡》、《红管家》、《好媳妇》、《卖箩筐》、《扒瓜园》、《斗书场》、《夫妻俩》诸多现代戏剧目作为优秀剧目向全国推荐。于是，河南现代戏在全国的名声大震，而整个河南戏的声誉也自然是水涨船高。

河南戏剧热烈豪放，深受广大人民群众喜爱，其主要戏曲形式有：豫剧、曲剧、河南坠子等。其中，豫剧是中国四大剧种之一，是一个具有深厚群众基础的大剧种。从看到有关它的文字记载至今已有 200 余年历史，清代末年，它已流布了河南全省的腹心地域。新中国成立后更以罕见的速度发展壮大，遍及河南城乡各地，并流布台湾、新疆、甘肃、陕西、湖北、山西、山东、河北、四川、江苏等全国十几个省、市、自治区，不仅生根开花于河南全省的城镇乡村、平原山区，而且流布了全国 16 个省区，专业剧团数量最多时达到 39 个，至 80 年代中期，豫剧从演出团体、从业人数、观众数量等诸多方面跃居全国 300 多个地方剧种之首。豫剧《花木兰》、《穆桂英挂帅》、《唐知县审诰命》、《朝阳沟》、《倒霉大叔的婚事》，曲剧《陈三两》、《风雪配》、《卷席筒》，越调《收姜维》等剧目，久演不衰，广为流传。尤其是河南戏曲史上曾经涌现出了如豫剧表演艺术家常香玉、马金凤、崔兰田、陈素贞、虎美玲、任洪恩、王清芬、王慧，曲剧表演艺术家张新芳、海连池，越调表演艺术家申凤梅等一大批艺术大家。近年来，河南电视台的名牌栏目《梨园春》的成功运作，更扩大了豫剧在国内的影响。

（二）戏曲流派

作为中国"戏曲之乡"，从明代万历十年开始，相继在河南境内产生、存在和流行过的各类剧种有近 80 个，其中戏曲剧种约 65 个，属本土产生的占 2/3。400 多年来兴衰蜕变，目前仅剩 37 个剧种，豫剧、曲剧和越调是河南的三大地方剧种，除此之外，其他剧种生存状况不容乐观，有的已濒临灭绝①，可以归为六类（如表 5 - 14 所示）。

表 5 - 14　　　　　　　　　　河南省戏曲流派

类　型	代　表
三大剧种	豫剧、曲剧、越调
独有的剧种	宛梆、怀梆、道情戏和豫南花鼓
源于河南的剧种	大弦戏、大平调、二夹弦、四平调、落子腔、坠剧
与邻省交织串联剧种	嗨子戏、柳琴戏、清音戏、扬高戏、柳子戏、五调腔、山梆
濒危剧种	八调腔、豫东花鼓、丁香戏、蛤蟆嗡、梨黄、灶戏、清戏、罗戏、卷戏
不是河南本土产，但流传甚广	河北梆子、山东梆子、上党梆子、汉剧、京剧、蒲剧、秦腔、评剧、越剧、迷胡、黄梅戏、昆曲

（三）代表性文化景观

1. 豫剧文化景观

豫剧，原称"河南梆子"，是河南省的第一大剧种。依据语音方言的不同，形成了各具特色的流派：以开封为中心的"祥符调"，以商丘为中心的"豫东调"，以洛阳为中心的"豫西调"，又称西府调、靠山簧，豫东南沙河流域流传的"沙河调"，又称本地梆。

2. 曲剧文化景观

曲剧亦称"曲子戏"，形成于清朝末年，由河南民间说唱艺术洛阳小调曲子和南阳大调曲子汇合后吸收其他剧种的艺术形式发展而来，是河南第二大剧种。1926 年在临汝（今汝州市）首先搬上舞台。

3. 越调文化景观

越调由南阳一带的民间清唱"月调"演变而来。乾隆年间已有班社

---

①　于萍：《河南地方戏旅游资源的保护、继承与发展》，《中国地名》2007 年第 1 期。

演出,清末有越调班社 100 多个。民国初年在开封演出,新中国成立后得到大发展。

4. 二夹弦文化景观

二夹弦又称"两夹弦",由主奏乐器四胡的琴弓系两股马尾夹在四根琴弦间拉奏而得名,由豫东、皖北、鲁西南的"花鼓丁香"与民间小调结合发展而来的。最初,艺人腰挎花鼓,串乡卖唱。后来发展为地摊表演。清道光年间,已有戏班演出。

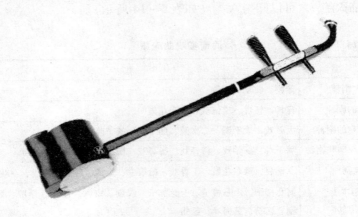

图 5 - 10 二夹弦

表 5 - 15   河南省戏曲文化感知

	豫 剧	曲 剧	越 调	二 夹 弦
代表人物	常香玉、陈素真、崔兰田、马金凤、阎立品等	张新芳、王秀玲等	申凤梅、毛爱莲等	张素云、李学义、周雪梅、王柏林、马相卿、田爱云等
内容特点	内容大部分取材于历史小说和演义,属于袍带戏,如封神戏、三国戏、瓦岗戏、包公戏、杨家将戏和岳家将戏,还有很大一部分描写婚姻、爱情、伦理道德的戏	传统剧目 200 个左右,多以民间故事、家庭生活、儿女恋情为主要题材,唱词道白通俗,富有生活情趣,属于苦情戏	分正装戏和外装戏。正装戏是越调原有剧目,唱词少,道白多,深奥严谨,只能按曲牌唱,不能随便改。外装戏是改编或移植的剧目,唱多白少,通俗易懂,不受曲牌限制	多是表现男女爱情和宣扬伦理道德的且农村题材居多,乡土味很浓

续表

	豫 剧	曲 剧	越 调	二 夹 弦
风格唱腔	唱词通俗易懂，多为七字句或十字句，有独特的板式结构和比较完整的音乐程式。以唱见长，酣畅淋漓，富有激情和阳刚之气，善于表演大气磅礴的大场面戏；质朴通俗，本色自然，紧贴生活，节奏鲜明强烈，矛盾冲突尖锐，人物性格鲜明	真嗓演唱，唱腔朴实自然、悠扬缠绵，抒情性强，生活气息浓厚。唱腔音乐为曲牌体，共有曲牌150多个	音乐板腔体为主，唱腔优雅纯朴，表演质朴粗犷，生活气息浓厚	曲调吸收了黄河船歌、渤海渔民号子、打夯号子、民歌小调及花鼓、琴书等特色，唱腔亮丽、委婉、抒情，富有喜剧色彩，旦角唱腔细腻，表演活泼，花样繁，调门多，语言通俗
分布	分布甚广，大江南北、黄河两岸以至新疆、西藏	1926年在汝州市首先搬上舞台，分布很广	流行于河南郑州、开封、许昌、周口、南阳等黄河以南地区	苏鲁豫皖四省边界地区
代表性曲目	《花木兰》、《穆桂英挂帅》、《秦香莲》、《花打朝》、《桃花庵》、《洛阳桥》、《唐知县审诰命》、《朝阳沟》等	《陈三两爬堂》、《卷席筒》、《寇准背靴》、《风雪配》等	《收姜维》、《李天保吊孝》、《火烧绣楼》、《白奶奶醉酒》等	《货郎翻箱》、《打狗劝夫》、《狸猫换太子》、《蝶恋花》、《梁祝》、《莫愁女》

二 武术类文化景观

（一）发展脉络

地域文化虽是以地域限定的文化类型，但它的形成和发展必定脱离不了历史的机缘。中原武术是生长在中原地域内的一种文化形态，在它的发展过程中，无疑受到中原地域内不同时期的政治、经济、军事和文化的影响，并在这种特定的历史环境和文化氛围中逐渐成熟和完善，沿着自身规律向前发展。第一阶段（先秦时期至1840年）为中原武术的形成阶段，其标志是中原三大武术拳种已经形成，武术的多元价值被人们所认识；第二阶段（1840—1949年）为中原武术的发展阶段，中国武术开始接受近代西方体育文化的洗礼，向近代转型；第三阶段（1949—1977年）为中原武术的成熟阶段；第四阶段（1978 年至今）为中原武术的繁盛阶段。近年来，河南为扩大少林武术的影响，每两年举行一届郑州国际少林武术节。太极拳发源于河南温县陈家沟的陈氏家族中，目前已风靡全国，走向世界。近年来，每年的 9 月，都要在温县举行国际太极拳年会。对于这些中原武术文化的宝贵遗产，我们一定要发扬光大，争取使之早日成为亚运会、奥运会等国际体育比赛的正式项目，以使中原武术文化名扬天下，造福世人。

（二）武术文化景观流派

中国武术的所有流派，都是以地域文化为底蕴，从地域文化中孕育出来的。晚清以来，开封的查拳、猴拳、梅花拳，安阳的弹腿，豫东的洪拳，淮阳的六步拳，博爱月山寺的八极拳，朱仙镇回民的汤瓶拳，以及博爱王堡的枪法（系明万历年间由唐村太极宫董秉乾所传），汜水、陕县、禹县的弹弓，淮阳回民的棍术，长垣的六合枪，开封的剑术与跤术，滑县的虎尾镰，鹿邑的跤术等，都曾名噪一时。此外，还有不少拳论拳谱，或散落于民间，或被图书馆收藏而束之高阁。所有这些，都是中原武术文化的宝贵资源。

图 5-11 洪拳

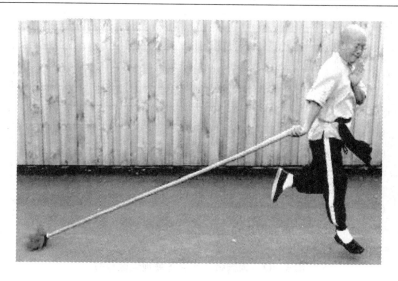

图 5-12　长垣六合枪

表 5-16　　　　　　　河南省武术文化景观地域分布　　　　　　单位：种

地区	豫东					豫西				豫北				豫南	
	开封	郑州	周口	商丘	许漯	洛阳	三门峡	南阳	平顶山	安阳	濮阳	焦作	鹤壁	新乡	信阳	驻马店
拳种	16	18	11	17	8	13	3	10	8	15	5	7	9	5	7	3
统计	70					34				41					10	
	45.61%					21.93%				26.45%					6.45%	
	155															

（三）代表性文化景观

河南省地处中原，是中华民族文化的摇篮，是少林拳、陈氏太极拳、苌家拳、形意拳四大拳派的发源地。历代名家辈出，特别是洛阳、开封、淮阳、焦作等地，世代练武成风，少林拳、陈氏太极拳是中原文化沃土孕育的两枝武林奇葩，是中原文化对中华武术的杰出贡献。两种拳术分别秉承儒家文化和道家文化精神，形成截然不同的风格，而又各有千秋、相得益彰，从武术的角度折射出中原文化儒道并存、儒道互补、儒骨道风的鲜明地域特色。①

————————

① 陆草：《论中原武术文化》，《中州学刊》2007 年第 1 期。

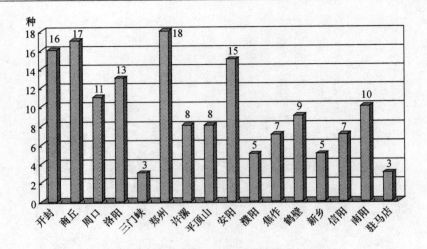

图 5-13 河南省武术文化景观地域分布

1. 少林武术

少林武术，始于北魏，以少林寺得名，少林寺又以武术显扬于世。武以寺存，寺以武闻。达摩和禅宗流传对少林武术的产生起关键作用。出于健身与防卫的需求，以及政治上的鼓励和战争的激发，少林武术兴盛发展，少林武术主要包括拳术和器械两类，招式朴实无华，刚劲有力，刚中有柔，外猛内静，变幻莫测，善于顺人之势，制人之身。

少林武术作为中华民族的一种体育文化实体，根植于传统社会文化及外来宗教文化土壤之中，寄附于佛教圣地，吸收了中国古代武术百家之长，形成了既有传统文化内涵，又具有武术实战的技击攻防含义的技击之术。

（1）少林武术蕴含的儒家文化。孔子的思想核心是"仁"，用武德修行来约束习武者，宣扬道德、提倡勇敢，强调谦和、含蓄的治世治身的社会责任。因此，受这些思想的影响，少林武术拳法上多讲含蓄和沉稳以适应传统道德教育需要，外要体现技法多变的形体运动之法，内要体现威而不猛的道德修养。武术德行观中讲究以德明道，以身行道，以技来显德，充分说明了武术文化思想的深刻内涵。①

————————

① 赵海军：《对少林武术文化内涵的思考》，《南京体育学院学报》2005 年第 19 卷第 2 期。

图5-14　少林武术

（2）少林武术蕴含的道家文化。道家的"柔弱不争"成为教化习武者培养武德的一种主要信条。老子主张"柔弱胜刚强"，柔弱中蕴含着强盛的一面，即"守柔曰强"。许多少林拳法强调的"动静相生"，"刚柔相济"、"虚实转换"等拳理要求和技击原则，都是中国传统的"天人合一"、"阴刚辩证"、"五行生克"等哲学观念的反映，体现了古典哲学强大的渗透力和少林武术作为民族文化所蕴含的深刻哲理。

（3）少林武术蕴含的佛教文化。佛教作为外来文化，为武术的发展和存在提供了客观条件，也将一些宗教思想渗透到其中。《大涅槃经》中曰："度人为善，禅也；禁人为恶，武也"。少林武学讲究"文以佛学立心，武以技艺练体"。武术修行讲究"悟"，而悟源于佛学，目的是"悟而觉醒，觉而不迷"。此外武术修行还讲究修"忍"，也深受佛教"修忍"、"禅定善行"的影响，即"修行"。除练"技法"外，还练"心法"，对心理状态的调整和修炼，从而达到"拳心如一"的状态。促进了武术"内外兼修"的境界①。

少林武术突出地体现了民族文化中的民族性及佛教的禅性，其独特的

---

①　旷文楠等：《中国武术文化概论》，四川教育出版社1990年版，第147页。

技术风格、修炼之法在中国古代武术众多流派中独树一帜，向世人展示着深厚的中华文明底蕴和神秘的东方宗教特色。①

2. 陈氏太极

太极拳是内家拳的一种，发源于河南温县陈家沟，明末清初由陈王廷所编创，巧妙地运用了阴阳变化的辩证法原理，遵循螺旋缠绕、柔中寓刚、以意行气、劲由内换等原则，形式上属于武术，但主旨却属于养生类体育。太极拳最能体现中国人的智慧和处世之道，使中国武术步入更高的文化境界。

图 5–15　陈式太极拳传人——陈庆源

（1）陈氏太极蕴含的儒家文化。儒家主张把人的精神提扬到超脱寻常的人与我、物与我之间的"天人合一"之境界。由于天人合一的思想使中国的传统文化具有重和谐、重整体的思想特点，这种思想特点在太极拳中则表现为追求动作的"合"，讲求动作的和谐、协调。

太极拳要求根基在腿，主宰于腰，形于手，把每个动作都要连贯起来，要求"先在心，后在身"，起动于腰，然后形于手，前后的连贯性要

———————————

① 张志勇：《中国武术思想概论》，河南大学出版社1998年版，第16页。

求既要清楚，又要不断劲，手眼身法步都要合在一起，上下相随，动静相合，协调一致。①

（2）陈氏太极蕴含的道家文化。太极拳汲取了道家关于宇宙本源的观点来解释中国武术的本质，在《太极拳经》中说"太极者，无极而生，动静之机，阴阳之母"。技击方面，汲取了道家物极必反，以静制动，以柔克刚，后发制人等思想，讲求四两拨千斤，简而言之，就是"顺其势，借其力，因敌变化示神奇"。

"少林精神"和"太极精神"是构成中原文化精神的两大支柱，体现着中原文化的"儒骨道风"，不仅直接影响着中原民风和中原人格，而且对中国的整个国民性格产生了极其深刻的影响，并正在产生越来越广泛的国际影响。

第四节　饮食文化景观

一　发展脉络

民以食为天，饮食文化是随着人类社会的出现而产生的，又随着人类物质文化和精神文化的发展而丰富自己的内涵。豫菜是中国古老的菜系之一，始于上古三代，至北宋时形成具有独特风味的菜系。取料广泛，选料严谨；配菜恰当，刀工精细；讲究制汤，火候得当；五味调和，以咸为主；甜咸适度，酸而不酷；鲜嫩适口，酥烂不浓；色形典雅，纯朴大方。

南宋以来，少数民族不断迁居中原，促进了民族文化的相互融合。但在饮食习俗方面，仍保留着因农耕经济而形成的特征。明清之时，豫菜为全国八大菜系之一，它既保持地方特色，又博采众家之长。如长垣县，厨师之多，烹技之精，有厨师之乡美称。天下之中的区位使河南省在饮食习俗方面兼有"南味"和"北味"的特点。现今豫菜烹调技法已有60余种，名菜佳肴6000余种，极大丰富了中国的饮食文化与烹饪技术②。

---

① 李铭、青山：《中国传统文化对太极拳动作特点的影响》，《内蒙古体育科技》2007年第20卷第2期。

② 杨玉厚：《中原文化史》，文心出版社2000年版，第274页。

　　河南省饮食文化对全国，尤其是对江浙一带产生过重大影响。西晋末年，中原士族大批南迁，对开发江南起了很大作用。北宋灭亡后，都城汴梁（今开封）大批市民迁往临安（今杭州），其中就有大批厨师，今日之浙江菜即受其影响。现今杭州的不少小吃，也是传承汴梁小吃而来。河南因为有河南文化的底蕴，饮食文化特别丰富。其中河南的风味名吃主要有：洛阳水席、浆面条，开封桶子鸡、小笼灌汤包子，郑州烩面，武陟油茶，道口烧鸡，逍遥镇胡辣汤等。

图 5 – 16　郑州烩面

　　另外，河南是生产优质和高档果菜的适宜区域之一，全省已经建立了许多成规模、有名气的果菜基地，如新郑的大枣，灵宝、宁陵等地的苹果，商丘的酥梨，内黄的辣椒、小番茄，杞县的酱菜、大蒜等，创造了一批国内外知名度较高的品牌。除了莲花、双汇、金星、邦杰获得了国家最高质量奖——"中国名牌"以外，金丝猴、王守义十三香、澳的利、三全、思念、科迪、白象、神象、金苑、南街村等都已成为全国驰名商标和知名品牌。在诸多食品品牌中，蕴藏着许多历史和文化有待挖掘。

图 5 - 17　道口烧鸡

中国驰名商标

图 5 - 18　王守义十三香

二　饮食文化景观特征

（一）饮食文化与地理位置密切相关

河南省位于黄河中、下游地区，属北亚热带与温带过渡性气候，四季分明，土地肥沃，物产丰富，烹饪原料齐全。除了一些北方常见的粮、油、蔬菜、水果外，比较有名的原料还包括豫西山区丘陵地带如大别山、桐柏山、伏牛山等地所产的猴头、竹荪、羊素肚、木耳、鹿茸菜、蘑菇、荃菜等，豫东平原一带所产的禽畜类以及黄河中游盛产的鱼类，如南阳的黄牛、固始的黄鸡、黄河鲤鱼、淇县一带的双脊卿鱼都是闻名遐迩的名贵烹饪原料。这些原料为河南菜提供了雄厚的物质基础，也是构成河南菜特征的重要因素[①]。

（二）豫菜的烹饪技法以烧烤、扒、抓炒最为特长

豫菜烹饪技法多样，有扒、烧、爆、炒、炸、熘、炝、炖等 40 余种，历史上曾以"三大烤"（烤鸭、烤鱼、烤方肋）、"八大扒"（扒鱼翅、扒广肚、扒海参、扒肘子、葱扒鸡、扒素什锦、扒素鸽蛋、扒铃铛面筋）和"四大抓"（抓炒里脊、抓炒丸子、抓炒腰花、抓皮春卷）闻名全国。

（三）重实用、丰富，不重花样，调味适中

河南菜的味型多样，以咸鲜为主，素有盐味提百味，百味藏盐味，用盐和各种调料去异味、除畸味、提鲜味、定滋味。调必匀和、咸而不重、淡而不薄、滋味适中，适应性强，在数百道河南名菜中最具代表性的菜肴主要有糖醋软熘鲤鱼焙面、白扒鱼翅、三鲜铁锅烤蛋、牡丹燕菜、炒三不粘、桂花皮丝、玉珠双珍、果汁龙鳞虾、清汤荷花莲蓬鸡、芙蓉海参、清蒸青鱼头尾炒鱼丝、鸡茸酿竹荪、彩蝶戏牡丹、古城春晓、道口烧鸡、马豫兴桶子鸡、郑州烤鸭等。[②]

（四）讲究制汤

豫菜形成了以讲究色、香、味、形、器为特点的完整体系，并集民间菜、寺庵菜、市肆菜、官府菜、宫廷菜为一体，河南菜对于制汤非常讲究，分头汤、白汤、毛汤、清汤。汤清则见底，浓则乳白，味道清醇，浓厚挂唇。

三　代表性的饮食文化景观

（一）土特产

地处中原的河南，土特产遍及全省各地。豫北重镇安阳有闻名全国的道口烧鸡；"芝麻之乡"驻马店的小磨香油享誉海内外；豫西西峡县的猕

---

① 王文楷：《河南地理志》，河南人民出版社 1990 年版，第 56、118 页。
② 王云、文岳伟：《不能承受之重的河南菜》，《热点探索》2006 年第 20 期。

猴桃纯天然、无污染，清香汁多。省会郑州的新郑大枣个大、肉厚、汁多、味甜，驰名中外，以及卢氏、栾川的木耳，信阳毛尖茶，灵宝大枣，淮阳金针菜，黄河鲤鱼等。

图 5 – 19　新郑大枣

（二）红白喜事宴请亲朋的席面

分为"水席"和"参席"两种。水席的酒菜四荤四素，饭菜十大碗，一碗一碗陆续上。十大碗又称为"十大件"，一般由鱼、鸡、牛肉、羊肉、猪肉等料做成。"参席"以海参领头，酒菜六荤六素，饭菜要多至十几道或二十几道。

（三）洛阳水席

水席起源于洛阳，洛阳四面环山，地处盆地雨少而干燥。古时天气寒冷，不产水果，因此民间膳食多用汤类。之所以称为水席，一是紧扣水席汤水多的特点，二是指行云流水的上菜顺序。洛阳水席来自民间，唐代武则天时，将洛阳水席引进皇宫，加上山珍海味，制成宫廷宴席，又从宫廷传回民间，因仿制官府宴席的制作方法，故又称官场席。

洛阳水席有三大特点：①有荤有素，素菜荤做，选料广泛，飞禽、走兽、游鱼、菜蔬均可入席；②有汤有水，味道多样，酸、辣、甜、咸俱全，北方南方均为可口；③上菜顺序规定严格，搭配合理、选料认真、火候恰当，有高、中、低档之分，高档水席有海参席、鱼翅席、广肚席；中档水席有鸡席、鱼席、肉席；低档水席为大众席，以肉、粉条、蔬菜为主。可适合不同层次消费者的需要，因此洛阳水席历经千年，经久不衰。洛阳水席共设24道菜，简称"三八席"，包括8个冷盘、4个大件、8个中件、4个压桌菜，冷热、荤素、甜咸、酸辣兼而有之。其上菜程序是：先摆四荤四素八凉菜，接着上四个大菜，每上一个大菜，带两个中菜，名曰"带子上朝"。第四个大菜上甜菜甜汤，后上主食，接着四个压桌菜，最后送上一道"送客汤"。24道连菜带汤，章法有序，毫不紊乱。水席中有名的"洛阳燕菜（牡丹燕菜）"、"假海参"等，都是普通的萝卜、粉条，经厨师烹制后，脱胎换骨，味美异常。

图 5 - 20　洛阳水席

（四）开封小吃

开封夜市风味小吃很多，除有名的炒凉粉以外，有馄饨、黄焖鱼、胡辣汤、元宵、牛羊肉、鸡血汤、烧鸡、卤面、烧饼夹肉、五香肉盒等数十种。现今夜市上的食品更加丰富，以各种成品菜肴和馅食为主，如当街水饭、熬肉、干脯、包子、腰肾、鸡碎、旋煎羊、白肠、煎夹子等几十种。其中，主要代表为：黄焖鱼、馄饨、羊肉炕馍、煎饼果子、云吞、羊肉水饺、糖炒栗子、酸辣面鱼、火烧夹羊肉、油茶、杏仁茶、莲子粥、豆沫、胡辣汤、八宝粥、冰糖红梨、麦仁汤、烤羊肉串、江米切糕、江米甜酒、桶子鸡、烧鸡、羊蹄、花生糕、五香兔肉、板羊肉小笼包子、锅贴酱牛肉、烧麦、炒凉粉、鸡血汤、烧饼、涮牛肚、拉面、油泼面、白吉馍、炒饼、烩面、刀削面、烧烤、鸡蛋灌饼、云丝面、鲤鱼焙面。

图5－21　开封灌汤包

图5－22　开封小吃街

（五）酒文化

河南地处中原，是华夏文明的发祥地，也是白酒的发源地，酒文化资源更是得天独厚，源远流长，与酒文化相关的人文资源相当丰富，挖掘潜力很大。杜康、宋河、张弓、宝丰、仰韶及民权葡萄酒，各有自己悠久的历史和美丽的传说，都可以深入挖掘其独特的"酒文化"。文化底蕴深厚的品牌较多。杜康被公认为我国酿酒业的开山鼻祖，而杜康造酒处据考证最可信的就在河南伊川境内，此地有关杜康的人文景观和传说典故很多，河南的"杜康"酒曾在20世纪80年代闻名海内外，不但全国畅销，而且远销四十多个国家和地区。

图 5—23　杜康酒

"仰韶"酒地处的渑池境内仰韶村曾出土了距今6000年的仰韶文化遗址，是华夏文明的一个重要里程碑，在中国文明史上占有重要的地位，渑池又是历史上著名的战国时期秦赵会盟之地。

"宋河"酒出自春秋古城，道教创始人老子的故里——鹿邑县枣集镇古宋河之滨，光一个老子故里就蕴含着多少文化？

图 5 – 24　宋河酒

　　"赊店"酒出自古代四大名镇之一，古称赊店今即社旗县，当年因水陆交通便利，商贾云集，繁盛京都，现存的气势宏伟的"山陕甘"会馆和古街道都展示出当年的繁华，而且"赊店"之名出于汉光武帝赊旗换酒的典故。

图 5 – 25　赊店老酒

然而河南省的酒类营销观念和策略还较为落后，国内许多名牌白酒企业早已开始进入品牌营销、文化营销时代，而河南省很多企业还停留在人员推销、低价竞争的时代，没有充分开发其品牌的文化资源。如果对这些历史的文化资源加以利用和开发，就能迅速提升品牌的文化内涵，促进品牌价值的提高。

第五节　花卉文化景观

一　发展概况

河南地处中原，历史文化积淀深厚，花卉栽培历史悠久。河南花卉资源分布广泛，洛阳牡丹，开封菊花，许昌和郑州的荷花，鄢陵腊梅，嵩山碧色玫瑰，郑州月季，石人山、白云山、鸡公山杜鹃，以及商丘黄河故道的万亩槐花和宁陵县的万亩梨花等。

花卉都有着丰富的文化内涵，应将其整理归纳并融入景观设计中，建设单元化的主题场景，既能增强花卉文化景观的特色性，又使得花卉文化得以发扬光大。花卉文化景观多元延伸和文化内涵的活化，由单调的观赏功能上升到文化感知功能，花卉可以创造意境环境，即根据花卉品种的特性，优化组合花卉品种和空间结构，创造出花卉所在地独有的文化氛围。[1][2]

河南目前花卉文化景观，除了洛阳牡丹、开封菊花之外，其他花卉文化景观的影响力很小，尚需要深度开发，争取打造出"河南四季花卉文化景观"，作为河南未来花卉文化景观开发的模式。

二　代表性文化景观

1. 洛阳牡丹文化景观

牡丹栽培演化过程伊始就与洛阳结下了不解之缘，至今已有1500多年的历史。洛阳牡丹栽培始于隋，盛于唐，作为陪都的洛阳，牡丹种植更加广泛，品种更加丰富。北宋时，洛阳牡丹规模为全国之冠，栽培技艺普遍提高，新品种不断出现，以姚黄和魏紫为代表。

---

① 胡华：《河南花卉旅游资源开发研究》，《科技信息》2007 年第 23 期。
② 孟莉娟、李景初：《河南花卉旅游开发优势与策略分析》，《河南商业高等专科学校学报》2006 年第 19 卷第 5 期。

图 5 - 26　洛阳牡丹品种姚黄

图 5 - 27　洛阳牡丹品种魏紫

　　明清时期，洛阳牡丹已处于缓慢恢复阶段，据清乾隆年间《洛阳县志》记载，洛阳有牡丹品种 163 个。民国时期，牡丹品种仅剩 50 余种。新中国成立后，洛阳牡丹在收集、整理传统品种的基础上，选育新品种，引进国内外优良品种，品种数量迅速扩大，1983 年以牡丹为市花确定每年 4 月 5 日到 5 月 5 日为"牡丹花会"，洛阳逐步成为"牡丹城"。截止到 2015 年 5 月，洛阳已成功举办 33 届牡丹花会。

　　2. 开封菊花文化景观

　　菊花在我国已有 3000 多年的历史，开封菊花，源远流长。南北朝时期，开封就有种植菊花的记载。早在唐代就有相当的规模，到了宋代，开封菊花发展到极盛，已驰名全国。1983年，开封市将菊花定为市花，每年秋季举行为期1个月的菊花花会。开封市2000年被《中国土特名产年鉴》收录为"菊花之乡"。开封菊花先后在全国第三、四、五、六届菊花品种比赛中连续四次夺魁。1999年昆明世界园艺博览会时，开封菊花夺得两个最高奖，11金，8银，2铜，在全世界引起了轰动。

图5-28　开封菊花

3. 鄢陵腊梅文化景观

鄢陵地处中原，自然环境适宜腊梅生长，是全国最为著名的腊梅之乡，素有"花都"、"花县"之美誉。腊梅文化可以追溯至2500多年前。据《诗经·郑风·溱洧》记载：溱水、洧水在鄢陵境内汇入双泊河，河两岸的姑娘小伙子为表达爱慕之情采撷兰草与芍药赠给情人："维士与女，伊其将谑，赠之以芍药"。历经千余载的文化沉积，演绎出许多神奇的传说和感人的故事，构成中原地区独特的腊梅文化，并融入中华文明的历史长河中。

图 5-29 开封菊花展

图 5-30 鄢陵腊梅

4. 许昌荷花文化景观

许昌"三面荷花四面柳",自古都有"莲城"之说。早在宋代,许昌就以荷花名扬天下，夏季便呈现出"红绿交映，风景如画，十里荷花，江湖极目"的景观。苏东坡曾把许昌的西湖与杭州的西湖比美，而清乾隆十年，甄汝舟更是写下了溢美许昌西湖的诗篇："一片波光散晓烟，红衣馥馥翠田田；州城宛在芙蓉在，何用兰挠拨画船?"

图 5 – 31　许昌荷花

表 5 – 17　　　　　　　　　河南省"四季"花卉文化景观

	文化感知	花名文化
洛阳牡丹文化景观	洛阳牡丹不仅以其雍容华贵，国色天香而美誉遐迩；也以其造化钟情，天下君临而总领群芳	雪桂、雪塔、白鹤卧雪、琉璃贯珠、春雪、春玉、雨后风光、蓝田玉、淡藕丝、春水绿波、软玉温香等
开封菊花文化景观	开封菊花以其凌秋之势，傲霜之姿赢得人们赞叹；以其花色艳丽，姿态清秀，风韵高雅惹人喜爱	雪照红梅、绿云、墨荷、帅旗、黄鹤楼、贵妃醉酒、天女散花、丽金、金龙腾云、古木菊香、清见得泻、大红托桂、绿牡丹、圣光玉泉、细雨含沙、独揽秋色、金鸡报晓、八弦晴姿、玉肤冰洁、一枝浓艳、梨香菊等

	文化感知	花名文化
鄢陵腊梅文化景观	鄢陵腊梅花大、色艳、瓣多、香浓、蜡质厚、花期长、形似金钟	素心梅、虎蹄梅、馨口梅（檀香梅）、金钟梅、英梅等
许昌荷花文化景观	许昌荷花叶似碧玉盘，茎似绿翠柱，花如出水芙蓉，清香远溢，亭亭玉立迎骄阳而不惧，出淤泥而不染，清净高雅	霸王袍、蝶恋花、美三色、时尚、高风亮节、俏英、红楼梦、明星、彩球、金色年华、剑舞、绿云、飞虹、钗头凤、秋水长天、一天四海、玉绣莲等

第六节　民俗文化景观

　　民俗是人们根据自己的生产、生活内容与生产、生活方式，结合当地的自然条件，在一定的社会形态之下创造出来的，并世代相传而形成的一种对人们的心理、语言和行为都具有持久、稳定的约束力的规范体系。民俗对人类行为是可以发生功能的。这些功能的发挥必将对文化景观的形成和发展产生影响。

　　中原民俗既有中部内陆地区的特点，又受东西南北四邻风俗的影响，反映了中原百姓的人生愿望、生活风貌和心理状况。"百里不同俗，十里改规矩"。中原民俗虽然大体上是一致的，但不同市县有时也存在着明显差异。中原民俗中许多传统美德，已与今天的社会主义新风融合在一起，其中的迷信、落后部分，已被淘汰，或处在正被淘汰之中。

一　民俗文化景观特征

（一）鲜明的农耕文明特征

　　在古代，民俗是作为"礼"的补充。风俗习惯只是俗文化的表层结构，而深层结构是潜藏的民族心理性格、思维方式和价值观念。河南民俗文化景观与农业文明紧密相连，对人口和传宗接代的重视与农业文明有关，岁时节庆也与农业文明有关，如收获节、腊八节等。① 根据统计，风水神煞出现较多的时间是农事较忙的农历三月、四月、五月三个月份，人们在此时造房不利。而在农闲的十月到次年二月，神煞出现较少，鼓励人们在此时建房造屋，实际上人们合理地调度劳动力，将那些无季节性的劳动项目如修房建门等，尽可能安排在农闲季节。各地常见的庙会，也多安排在农闲时举行。正月到四月、七月至九月庙会较集中，而在农忙时的五月、六月、十月、十一月是极少有庙会的。

（二）地域差异明显，地方特色突出

区位条件和自然环境的不同，使中原广大地区内的不同民族之间、同一民族在不同地区之间、同一地区在不同历史时期之间，民俗形态或内容都会发生某种程度的变化。

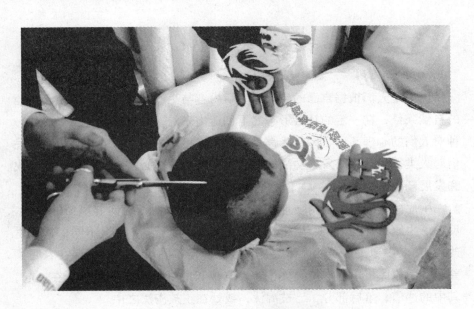

图 5 - 32　二月初二龙抬头为小孩剃头

---

① 魏敏、程健君：《中州大地的民俗与旅游》，旅游教育出版社 1995 年版，第 18 页。

二　代表性民俗文化景观

图 5 - 33　腊八节煮腊八粥原材料

图 5 - 34　热闹的太昊陵庙会

图 5 – 35　安阳殷商文化节

表 5 – 18　　　　　　　　　　　河南省节庆文化景观

节庆名称	文化感知	影响地域	节庆日期
青龙节或者龙抬头节	采野菜，包饺子，煎煎饼，炒黄豆，煎腊肉，蒸枣馍，不动剪刀，不做针线活，怕动刀剪伤龙体	全省	农历二月初二
收获节	过小年，吃杂烩菜，庆祝丰收，祈求丰年节日	豫东和豫南	农历六月初一
腊八节	喝腊八粥，欢庆丰收，感谢祖先和神灵	豫东和豫南	农历十二月初八
太昊陵庙会	浓厚的原始文化色彩	淮阳	农历二月初二至初三
宝丰十三马街书会	说书亮艺，以书会友，切磋技艺，争当书会状元	宝丰	农历正月十三
浚县古庙会	浮丘两山，古刹林立，儒佛道和谐共处	浚县	正月初一至二月初二
三门峡国际黄河旅游节	以博大精深的黄河文化为主	三门峡	4月20—25日

续表

节庆名称	文化感知	影响地域	节庆日期
焦作国际太极拳年会	把太极推向世界，让世界人民共享太极拳	焦作	每年一次
安阳殷商文化节游博览会	融文化、旅游、经贸等活动为一体的大型综合性地方节庆活动	安阳	9月16—10月25日
洛阳牡丹花会	融赏花观灯，游览观光，经贸合作与交流为一体	洛阳	4月5日—5月5日
开封菊花花会	菊花战士、菊花花会开幕式及大型文体表演、大型经贸活动、各类文化旅游活动	开封	10月18日—11月18日
中国信阳茶叶文化节	扩大茶叶节的内涵外延，弘扬信阳茶文化，打造中国茶都品牌	信阳	4月
郑州国际少林武术节	加强国际武术活动的交流和发展	郑州	每年一次，时间不定
首山踏青酒会	以酒会友，以酒交友	襄城	农历二月十五

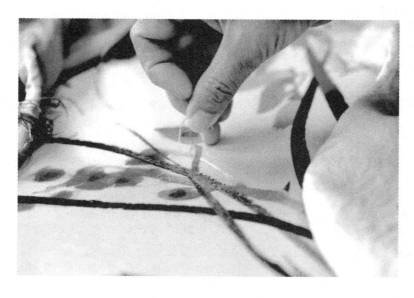

图 5-36 开封汴秀

图 5 - 37   上蔡核桃雕花

表 5 - 19   河南省民间工艺品文化景观

工艺品名称	起源时间	文化感知
开封汴绣	源于宋,新中国成立后在继承古宋绣的基础上发展起来的	继承了宋绣的题材和工艺特点,借鉴了苏绣、湘绣等姐妹绣艺的长处,吸收了河南民间刺绣的乡土风味,色彩古朴典雅、绣工精致细腻
朱仙镇木版年画	源于唐,兴于宋,鼎盛于明清	历史悠久、风格独特,是中国四大木版年画之一
浚县泥塑和泥猴张	源于隋朝末年农民起义	造型古朴、色彩艳丽、惟妙惟肖
李天华剪纸	1948 年	剪影风格劲秀、清朗、潇洒
豫西民间剪纸	源于殷商,宋代最盛	粗犷豪放、质朴夸张,构图简洁,厚重凝练,内涵丰富,黑白对比反差大,体现了中原农耕文化的美学特征
方城石猴	起源于宋代	具有学术研究价值,造型高度夸张、变形、生动随意,手法快捷,色彩以红、黄、绿为基调,强烈明快、风格独特,是研究中厚民俗文化的活文物
上蔡县核桃雕花工艺	明末清初	桃核雕刻,内容多为民俗风情,程序精细,产品造型美观,细腻精致,栩栩如生,雅俗共赏。因桃木是吉祥之木,蕴含"避邪消灾"和"预兆洪福吉祥"的意念
洛阳宫灯	源于东汉洛阳宫廷,盛于隋、唐、宋	包括选竹、制竹篾、捏灯形、粘丝绸、剪云纸、绘图等70多道工序,工序严谨,工艺高超;风格古朴典雅,款式多样,彩绘蕴蓄,烘托喜庆气氛,成为百姓所喜爱的生活日常用品和装饰品

表 5 - 20 　　　　　　　　　河南省民间活动文化景观

名称	起源时间	文化感知
确山铁花	源于北宋，鼎盛于明清	铁花飞溅，流星如瀑，鞭炮齐鸣，声震天宇，有着浓厚道教和行业特点
大营社火	贞观年间	集音乐、表演、器乐、杂技、绘画于一体。唐以马队开道，然后是高跷、平垛、坠子，杂以彩旗、锣鼓

表 5 - 21 　　　　　　　　　河南省民间舞蹈文化景观

名称	影响区域	起源时间	文化感知
狮子舞	郑州	起源于南朝军队中，在唐朝有了很大发展	动作粗犷豪放，英武壮观，内容有：猛狮下山、狮子抢绣球、上高架、爬绳、过人桥、探井、拿八作、凤凰三点头、刀山架、跑铡、盘中取果、口吐彩带、叼花等。舞狮子时，一武士登场，挥舞彩球或兵器，以拳术或械术逗狮，狮子由二人钻在狮子皮中，一为前，一为后，扮成大狮子；另有三人，各钻在一张小狮子皮中，扮作两个小狮子，窜、蹦、蹬、跳、摇头摆尾
龙灯舞	郑州	始于汉代，每年正月初一到十五表演	表演一般要经过鱼跃龙门、火龙下界、青龙被困、二龙戏珠四个环节；技术精湛的表演者，要表演出二龙吐须、二龙戏珠、引龙戏舞、龙打滚、龙脱壳、纵身绞挂等技巧
双人旱船舞	临颍县南街村	创于清末，延演至今	表演以仿真为主，夸张处理，虚实结合，再现艺术表演效果。南街村人独创，我国其他的地方尚未看到，浓缩地方色彩的民间舞蹈风格，活泼生动、富有情趣和美感
小车舞	流传地方很广，遍及全省	源于唐，每年正月十五表演	有一定的故事情节，如《送京娘》、《别家》、《夜逃》；动作有：起车、搬车、扶车、快行、慢行、上坡、下坡、撞车等；唱腔多是豫剧曲调，也有太平调、道情；表演时，演员互相配合，边走边唱，边说边闹，翩翩起舞，极具乡土趣味

名称	影响区域	起源时间	文化感知
高跷舞	流传地方很广，遍及全省	起源于春秋	以舞队的形式表演，扮演神话或历史故事中的角色，服饰多模仿戏曲行头；常用道具有扇子、手绢、木棍、刀枪等；形式有"踩街"和"撂场"两种，男女对舞，边舞边唱。风格上分为文跷和武跷，文跷重扭踩和情节，武跷重炫技功夫
大头和尚	流行于各地	史载最早于唐代	根据民间故事改编，表演分为3个段落：第一段，和尚头戴大头面具，上场后做开门、扫地等佛事动作；第二段，男演员扮演的女子上场，表演小跑步、拾金钱、整容等动作；第三段，二人见面后，通过捅耳、敲头、扑、闪、躲、拉等动作，展开戏闹的场面，幽默风趣。随着舞蹈变化的节奏，时而紧锣密鼓，时而哑然无声，只做表演，具有哑剧的风采
对花鼓	古荥镇	20世纪30年代	表演气势雄壮，动作刚健有力，技巧复杂。表演者由20人组成，每个人各执一件乐器，边击边舞。乐器有：大鼓、大锣、铙、马锣、镏钗各4面。表演的形式，分文戏、武戏两类。对花鼓的表演，可以围一个圆场子，称作交鼓锤，也可以边行进边打，称作路鼓。行进的步伐有前进步、后退步、横退三种，不行走的只有站步一种
二鬼扳跤	洛阳	源于汉，盛于宋	单人表演，穿上特制服装，模仿两个小鬼摔跤（俗称"扳跤"），动作幽默诙谐，逗人发笑，最早是祭祀舞蹈，逐渐演变成民间曲艺
麒麟舞	兰考县、睢县	产生于春秋战国之前，到清朝得到发扬	中国最早的拟兽类舞蹈，稀有的汉民族图腾舞种，承载着汉民族的精神、信仰、价值取向和审美情趣，在民族学、民俗学、宗教学的研究上有着特殊的意义，地方文化特色鲜明

图5-38　郑州狮子舞

图5-39　麒麟舞

图 5-40　龙灯舞

第七节　其他文化景观

一　名人文化资源

名人以其文化素养、文化格调和文化创造影响着社会，形成一种社会文化效应和文化风尚。中原历史名人辈出。河南历史文化名人达 3000 人，在北宋之前，每一位历史名人即使不是河南人，也是在河南长期活动并保留有大量的遗迹与传说。这些历史文化名人已经成为河南宝贵的历史文化资源和旅游品牌。

从公元前 21 世纪的夏代到公元 11 世纪的金代这 3500 多年间，有 20 多个朝代、200 多位帝王在河南建都。漫漫的历史长河留下了数以百万计的文物，河南地下文物居全国第一位，地上文物居全国第二位。

在河南有很多作为非物质文化遗产的民间文学。商丘虞城县的"花木兰传说"，驻马店汝南县的"梁山伯与祝英台"，泌阳县、桐柏县的"盘古神话"，济源市的"愚公移山传说"，禹州市的"大禹神话传说"，濮阳县的"帝舜传说及文化空间"，卫辉市的"柳毅的传说"，鹤壁淇滨区的"白蛇闹许仙"，焦作武陟县的"董永与七仙女传说"，辉县市的

"崔莺莺和张生的故事",温县的"赵氏孤儿传说",西平县、遂平县的"王莽撵刘秀传说",灵宝的"黄帝传说",歌颂英雄、赞美爱情、颂扬忠义的神话和传说,都产生流传在河南,继而成为家喻户晓的典故。

图 5-41　梁山伯与祝英台

图 5-42　花木兰

　　据统计，在二十四史中立传的历史人物 5700 余人，其中河南籍的历史名人为 912 人，占总数的 15.8%。唐代留名的 2000 多名作家，河南居两成。在中原历史名人中，既有思想家、哲学家、政治家、军事家、科学家、文学家，也有社会贤达和社会名士；历史上第一次农民起义的领袖陈胜，是河南登封人。在浩瀚的历史长河中名人辈出，如著名思想家老子、庄子、韩非，纵横家张仪、苏秦，兵家吴起、岳飞，政治家黄帝、子产、李斯、张良、晁错、刘秀、司马懿、姚崇、赵普、包拯，文学家贾谊、阮籍、蔡邕、蔡文姬、阮瑀、应场、潘安、谢灵运、干宝、范晔、元稹、杜甫、白居易、李商隐、李贺、刘禹锡、韩愈、岑参、崔颢、司马光，科学家扁鹊、石申、墨子、孙叔敖、郑国、桑弘羊、许慎、张衡、张仲景，商祖王亥、商圣范蠡、商神白圭、儒商鼻祖子贡、爱国商人玄高、著名商人吕不韦，民族英雄冉闵、谢安、花木兰、岳飞、史可法，书画家邯郸淳、钟繇、吴道子、褚遂良等。尧舜时代的贤士许由，坚辞帝尧的禅让，被奉为隐士的鼻祖。魏晋时期的"竹林七贤"，当时主要在河南焦作一带活动，其中阮籍、阮咸、山涛、向秀都是河南人。这些名人们，历来都是人们敬仰、歌颂的对象，是一种不寻常的文化现象。他们的思想、精神对社会历史进程或者社会风尚的形成发挥了重要影响。

图 5-43　抗金英雄岳飞

图 5 –44 诗圣杜甫

河南有众多历史文化名人的故居、故里，如诗圣杜甫的故里、韩愈故里、白居易故里等，另外，包公祠、岳飞庙、卧龙岗、三苏祠、玄奘故里为河南增添了神奇的色彩，名人文化也是河南文化旅游资源中一颗璀璨的明珠。

河南不但历史名人众多，而且当代名人荟萃。革命战争年代，河南出现过吉鸿昌、杨靖宇、彭雪枫、吴焕先、宋学义（狼牙山五壮士之一）等众多民族英雄。新中国成立后，又出现了焦裕禄、杨水才、常香玉、史来贺、任长霞、李连成、李学生等脍炙人口的风云人物和事迹。另外，河南籍的近期或当今名人邓颖超、许世友、李德生、袁宝华、穆青、柏杨、姚雪垠、刘震云、二月河、杨贵、尤太忠、曹刚川、张思卿、侯镜如、邓亚萍、刘国梁、王富洲、郑海霞、陈中、张蓉芳、贾占波、杜威、周鹤洋等在中国政治、文化、体育和社会生活中都产生过重要的影响。

图 5 - 45 抗日英雄吉鸿昌

二 古都文化资源

河南古都分布比较集中、历史较为久远、地处中原，形成了特色鲜明的中原古都群。

黄帝是公认的先祖，开创了初始的政权制度，建立了国家治理的雏形。从尧、舜、禹的禅让制到夏、商、周的世袭制，完成了部落联盟向奴隶制国家的转变。之后，国家与国家之间的纷争、交往与联盟等政治行为，不断地推动政体的发展，开启了封建社会的先河，形成了比较完善的封建制度。从夏朝到宋代 3000 多年间，河南一直是我国政治、经济和文化的中心，先后有 200 多位帝王建都或迁都于此，几度形成政治文明的巅峰与辉煌。中国自古"逐鹿中原"、"问鼎中原"、"得中原者得天下"就是由此而来。

在中原这块古老的土地上，几千年来曾造就了众多中国历史文化名城，中国已确定的八大古都中有四大古都位于河南，即殷商古都安阳、十三朝古都洛阳、七朝古都开封、商都郑州。洛阳，人称"十三朝古都"，近年来，有专家考证，依史书记载和依建都时间，洛阳先后有帝喾、夏、商、西周、东周、战国韩、秦末河南王、西汉、更始、东汉、曹魏、西晋、北魏、隋、李魏、郑、唐、武周、燕、后梁、后唐、后晋、中华民国

23个政权，同时加上新莽、后赵、东魏、北周、后汉、后周、北宋、金八个陪都政权，因此共有31个政权以洛阳为都。所以，无论从建都的朝代，或者是从政权的数量，洛阳都是中国历史上建都最早、朝代最多、时间最长的历史文化名城。开封，人称"七朝古都"，北宋称东京，是当时世界上最繁华的大都市。盛极一时的安阳，又称"殷都"，是中国既有文字可据，又经考古证实的商代都城"殷"的所在地；在殷墟发现的甲骨文，更使安阳闻名于世，最近，安阳"殷墟"被联合国教科文组织列为继"龙门石窟"之后的第二个河南境内的"世界历史文化遗产"。中原地区古都密集，河南可凭借古都名城众多的优势，开辟中原古都名城黄金旅游线，不但可传播河南的历史知识，而且也宣传了中国的古都文明，以推动河南旅游业的发展。

三　墓葬文化资源

　　建设国都，对于中国历代帝王来说，只不过是物质上的追求；而营造祖宗陵寝则是他们精神上的安慰。中原地区历来就是古代帝王将相理想的陵寝之地，"生在苏杭，葬在北邙"；"北邙山头无闲土，尽是洛阳人旧墓"，就是这块"风水宝地"的写照。中原地区著名的皇陵墓葬群，有安阳殷墟商王陵区、洛阳邙山历代皇陵区、巩义北宋皇陵区等。据不完全统计，洛阳邙山共埋葬6代24位帝王，东周王墓8座；东汉帝陵5座，光武帝原陵、安帝恭陵、顺帝宪陵、冲帝怀陵、灵帝文陵；曹魏帝陵1座：文帝首阳陵；西晋帝陵5座：宣帝高原陵、景帝峻平陵、文帝崇阳陵、武帝峻阳陵、惠帝太阳陵；北魏帝陵4座：孝文帝长陵、宣武帝景陵、孝明帝定陵、孝庄帝静陵；五代后唐帝陵1座：明宗徽陵。位于偃师市缑氏乡滹沱村西南景山白云峰之巅的唐恭陵（孝敬皇帝陵）是洛阳唐陵中规模最大的一座，坐北朝南，平面正方形，长宽约440米。四周原有神墙护围，其四角有角楼建筑，四面神墙中有神门。门外土阙尚存。南神门外10米有立狮一对，左右相距54米。其他三面与此同，唯改为坐狮。神道在南神门外正南，宽50米，两侧自北向南，依次排列着翁仲三对、天马一对、望柱一对，东西相排，左右相对。其中东排第一、二翁仲之间，即唐高宗李治亲书之《孝敬皇帝睿德记》碑，具有重要的历史和较高的书法价值。灵台封土呈覆斗形，东西长163米，南北宽147米，高22米。灵台东北50米处，有一锥形土冢，俗称"娘娘冢"。恭陵神道两侧石刻作工细腻，雕造精美，形象生动，时代可能早于乾陵，是河南仅存的一组盛唐陵墓石刻，是考察唐陵规制的重要依据，也是世界研究我国古代石刻艺术的宝贵资料。现为国家级文物保护单位。

另外，河南的历代名人墓地也很多，如吕不韦墓、张衡墓、关羽墓、杜甫墓、白居易墓、狄仁杰墓、程颢及程颐墓、吉鸿昌墓、许世友墓等。这些都是值得开发的旅游资源。目前，洛阳建有一座"洛阳古墓博物馆"，该馆展示的古墓复原造型，上自两汉，下至北宋，共计22座典型墓葬，堪称中国最大的古墓博物馆。在洛阳古墓博物馆西院的北魏宣武帝景陵是新中国成立以来经国家批准科学发掘的第二座皇帝陵，也是我国目前挖掘开放时代最早的帝王陵，气势壮观，结构完整，风格朴实，色调雅素，具有较高的历史、考古、文物、建筑、科研和观赏价值。不仅传播了中原古墓葬文化知识，而且也扩大了河南和洛阳的影响。

四 圣贤文化资源

中原思想文化是中华民族思想文化的核心，也是百家思想集大成者。作为中华文化重要发祥地的中原，涌现出了许多文化圣人，而且名气很大。孔子是儒学的开山人物，虽然出生在山东，但祖籍是河南，而且孔子讲学、游说的主要活动地域在中原。洛阳人程颢、程颐开创的宋代理学，又把儒学推向一个新的思想高峰，成为宋元明清以来居统治地位的主流意识形态。其他如谋圣姜太公、道圣老子、墨圣墨子、商圣范蠡、医圣张仲景、科圣张衡、字圣许慎、诗圣杜甫、画圣吴道子、律圣朱载堉等，他们不仅以其伟岸的人格为人们所敬仰，而且以自己丰富的知识和深邃的思维，创制了一大批经典著作，成为中华文化发展史上的不朽丰碑。春秋时期思想家老子的《道德经》，以"道"解释宇宙万物的演变，阐述了大量朴素辩证法观点，对我国2000多年来思想文化的发展产生了深远的影响，在世界发行量仅次于《圣经》。墨子提出的"兼相爱、交相利"的观点，庄子提出的"天地与我并生，万物与我为一"，韩非子提出的以"法"为中心、"法、术、势"三者合一的统治思想，都受到了历代统治者的重视，也在普通民众中产生巨大影响。

总的来看，中原圣贤文化传达着刚健有为、自强不息、中庸尚和的生活哲学，不仅隐含着"日新"的变革进取精神，而且也体现了友好共处、向往和平的精神境界。这些思想文化塑造了中华民族的基本文化形态和性格，丰富了中华民族精神宝库，并对世界文化产生了很大影响。西方许多杰出人物如伏尔泰、狄德罗、托尔斯泰、布莱希特都曾受到《道德经》

的影响。托尔斯泰直至暮年还在阅读《道德经》，他说孔子、孟子对他的影响是大的，而老子对他的影响是巨大的。

五　寻根文化资源

河南历来是中国人寻根问祖的朝圣之地。传说中的中华民族的祖先，大多活动于今天的河南境内。如黄帝的故都、故里在新郑，炎帝的故都在淮阳；伏羲、女娲的主要活动地区都在河南，淮阳、西华有他们的陵墓。这些地方都是中国人，包括海外华人寻根问祖的圣地，与此有关的文物古迹，我们一定要妥善保护。而作为一笔宝贵的文化遗产，我们更应该对之很好地利用，使之造福当代，泽被后世。我们可以通过开展一系列寻根文化旅游活动，提高河南的知名度，扩大河南的影响面，积极吸引外资和人才，大力促进河南的发展。以姓氏文化、客家文化、炎黄文化为核心的中原传统文化正成为联结河南与境外华人的纽带和桥梁。

新郑是黄帝故里，是轩辕黄帝的出生、建都地，人文始祖黄帝在新郑建立有熊国。史料记载，早在春秋战国时，新郑就有三月三风后顶拜轩辕的习俗。新郑黄帝故里拜祖大典是国家级非物质文化遗产。如今的黄帝故里是海内外炎黄子孙寻根拜祖的圣地，第18届客属恳亲大会以及丙戌年、丁亥年、戊子年连续三届拜祖大典在此成功举办，2000年被公布为河南省重点文物保护单位，郑州市十大旅游景点之一；2006年5月25日，国务院公布为全国重点文物保护单位。同年6月被评为国家AAAA级旅游景区，2007年被评为郑州市爱国主义教育基地。1992年，新郑拜祖活动升格为拜祖大典；2006年，主办单位升格为省政协；2008年，中华炎黄文化研究会成为联合主办单位；2009年，中华炎黄文化研究会、中国侨联、中国台联同时成为主办单位。

2006年3月31日（农历三月初三），河南省成功在新郑黄帝故里举行声势浩大的拜祖大典仪式。海外华人、国内同胞从四面八方赶来祭拜始祖的纷至沓来，络绎不绝，凸显出黄帝文化巨大的凝聚力和感召力。这次拜祖大典是对河南文化资源的集中宣传，这次宣传抓住了黄帝文化这个纲，通过国家领导人参加和中央电视台等强势媒体，集中地向海内外推出了河南的丰厚文化资源，整体地向世界推出了河南寻根文化产品，并告诉全世界的游客，河南的寻根文化不仅仅是姓氏寻根，也包括文化寻根、历史寻根、宗教寻根、武术寻根等。黄帝文化是中华民族的根，所以根文化是文化旅游的首选。

2007 年 4 月 19 日（农历三月初三），河南省在新郑市轩辕黄帝故里举行又一次的拜祖大典，来自海内外的各界人士 3 万余人，一起参加了这一盛大拜祖活动。这次拜祖大典，吸引了海内外华夏儿女的关注。据大典执委会负责人介绍，来现场参加拜祭活动的海外华人华侨、华裔华商社团代表及港澳台地区同胞逾 1600 人。全国人大常委会副委员长、中华炎黄文化研究会会长许嘉璐，全国政协副主席、中国河洛文化研究会特邀顾问张思卿，全国政协副主席周铁农、张怀西等参加了拜祖大典。应中共河南省委的邀请，中国国民党荣誉主席连战及夫人一行也参加了拜祖大典。进一步扩大了河南在海内外的影响。

2008 年 4 月 8 日（农历三月初三），河南省在新郑市轩辕黄帝故里再次举行拜祖大典，举行本届拜祖大典突出了奥运主题，这年主题是"共建中华精神家园，祈福北京奥运盛会"。大典邀请党和国家主要领导参加拜祖活动。结合当年奥运会，还将邀请国内体育界知名人士，特别是一些奥运冠军参加拜祖活动，以祈福奥运会圆满成功。海内外近 2 万名嘉宾参加。

2009 年 3 月 29 日（农历三月初三），在新郑市隆重举行的己丑年黄帝故里拜祖大典万众瞩目。来自海内外的各界嘉宾两万多人喜聚盛典，拜谒中华民族的始祖轩辕黄帝，共同祈福华夏繁荣昌盛，共同祝愿世界和平和谐。周铁农、陈宗兴、罗豪才和徐光春、郭庚茂、陈全国、王全书等出席典礼，亲民党主席宋楚瑜及夫人应邀出席。英雄航天员、抗震救灾英雄、感动中国人物、抗击雨雪冰冻灾害英模、奥运冠军代表共同祈福中华。来自美国、英国、法国、德国、澳大利亚、日本、韩国、新加坡、印度尼西亚、中国香港、中国澳门、中国台湾等 32 个国家和地区的 89 个各类华人华侨商会，社团组织和 12 个姓氏宗亲会、同乡会的嘉宾参加了此次大典。

以后的每年农历三月初三，河南省及郑州市都定期在新郑黄帝故里隆重举行黄帝故里拜祖大典。

2015 年 4 月 21 日上午（农历三月初三），天朗气清，人潮涌动，锣鼓喧天，乙未年黄帝故里拜祖大典在新郑市黄帝故里景区如期举行，这已经是河南省连续举行的第 10 次拜祖大典，来自海内外的华夏儿女欢聚于此，共拜轩辕，表达促进祖国统一、增进民族团结、共创和谐生活的美好愿望，美国、加拿大、巴西、俄罗斯、德国、荷兰、西班牙、澳大利亚、

马来西亚等 30 多个国家和地区的海外侨胞、海外姓氏宗亲会代表与社会
各界人士一起参加了拜祖大典。

图 5 –46 拜祖大典

大典催促着游子回家的脚步，黄丝巾萦绕着游子思乡的心。身为同文
同种的炎黄子孙，回到中原认祖归宗，让游子找到了文化根源上的归属。
拜祖大典成功连续举办，在海内外引起强烈反响，诸多华人华侨团体盛赞
这是海内外敬宗拜祖的时代典范，是历年来国内所有拜祖活动中最精彩、
最震撼、最成功的世纪经典。

六 农耕文化资源

农业最早是在中原地区兴起来的。中原农耕文化包含了众多特色耕作
技术、科学发明。裴李岗文化有关遗存中出土了不少农业生产工具，为早
期农耕文化的发达提供了实物证据，尤其是琢磨精制的石磨盘棒，成为我
国所发现的最早的粮食加工工具。大家知道，三皇之首的伏羲教人们
"作网"，开启了渔猎经济时代；炎帝号称"神农氏"，教人们播种收获，
开创了农业时代。大禹采用疏导的办法治水，推进了我国水利事业的发
展，也促进了数学、测绘、交通等相关技术的进步。战国时期，由河南人
郑国主持修建的"郑国渠"，极大地改善了关中地区的农业生产条件。随
着民族的融合特别是中原人的南迁，先进的农业技术与理念传播到南方，
促进了中国古代农业水平的提高。可以说，中国农业的起源与发达、农业

技术的发明与创造、农业的制度与理念，均与河南密切相关。

七　姓氏文化资源

自 20 世纪 80 年代起，中华大地出现了"寻根热"。这是在新的历史时期中华民族文化凝聚力和文化向心力的表现。寻根的内容是多方面的，如关于中华人文始祖的寻根、古代都城及其他城址的寻根、各门类文化寻根、家族寻根等。其中姓氏寻根是各种文化寻根的重要组成部分，表现得尤其活跃。

河南是中华姓氏的摇篮，中华姓氏无论肇始还是大量衍生都与中原关系密切。《中华姓氏大典》中的 4820 个汉族姓氏中，起源于河南的有 1834 个，占 38%；在当今的 300 个大姓中，根在河南的有 171 个，占 57%；在依人口数量多少而排列的 100 个大姓中，有 78 个姓氏的源头与部分源头在河南，无论是李、王、张、刘为代表的中华四大姓，还是林、陈、郑、黄为代表的南方四大姓，其根均在河南。近年来，我们以"万姓同根，万宗同源"为主题举办姓氏文化节，得到了海内外的广泛认可与响应，在全球华人中掀起了寻根到河南、朝觐到河南、拜祖到河南的热潮。姓氏文化是河南独有的文化现象。

八　商业文化资源

中国商人、商业和商业文化的起源在中原，是考古学界、史学界的共识。自古以来，中原地区就有比较自觉的商业意识，产生了中华商业文化的许多第一。商代的王亥"肇牵车牛远服贾"，也就是第一个用牛车拉着货物到远地去做生意，被奉为商业鼻祖。第一个儒商孔老夫子的高足子贡，是河南浚县人，不仅能做官，而且善于经商致富。第一个热心公益事业而被后人称为商圣的范蠡，是南阳人，他帮助越王勾践灭吴复国之后，悄然引退，把才能用于经商。第一个爱国商人是新郑人弦高，在经商途中遇到了秦师入侵，以自己的十五头牛为代价智退秦军。

此外，中原还产生了中国商业的许多第一。比如中国历史上第一批职业商人诞生于西周时期的洛阳，第一个由政府颁布的保护商人利益的法规《质誓》诞生于春秋时期的新郑，以"城门之征"为代表的最早的关税征收发生在春秋时期的商丘，第一个有战略思路的产业商人为东周时洛阳人白圭，第一个商业理论家是今商丘人计然，最早的商家诉讼条例发生在春秋时的郑国即今郑州，第一个重商理论的倡导者为西汉洛阳人桑弘羊，唐代洛阳城内的管理市场的"三市之长"是最早的"市长"。世界上第一座真正意义的人口超百万的国际化大都市就是北宋时的汴京（今开封），当时人口达到150多万，宋代著名画家张择端的《清明上河图》就是这一盛况的真实写照，而欧洲最古老、最发达的城市之一伦敦当时只有5万人。清代巩义的康百万家族，更是写下了"富过十二代、历经400年而不败"的商业神话。由此可见，中原商业文化在中华文化体系中占有重要的地位。

九　科技文化资源

中原科技文化比较发达，具有内容的广博性、发明创造的实用性、历史发展的传承性等特点。如安阳殷墟出土的"司母戊"大方鼎，是迄今为止发现的最大最重的青铜器，其冶铸技术和工艺不仅达到那个时代最先进的水平，就连现代人也叹为观止。

三门峡出土的西周时期的铜柄铁剑，为目前我国最早的人工冶铁实物，被誉为"华夏第一剑"。

黄帝被后人公认为中医药的创始人，战国时期编著的《黄帝内经》至今仍是中医学工作者必读的指导性医学著作。

东汉河南人杜诗发明的"水排"鼓风技术，较欧洲早1000余年。东汉南阳人张仲景的《伤寒杂病论》，提出了六经辨证的理论体系，是我国第一部理、法、方、药兼备的中医经典专著，被誉为"中国医方之祖"。

图 5-47　司母戊大方鼎

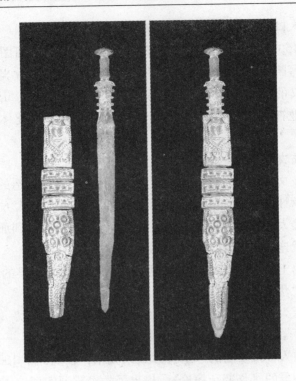

图 5 - 48　铜柄铁剑

图 5 - 49　《黄帝内经》

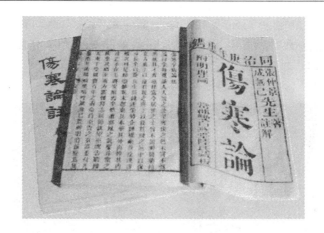

图 5 - 50 《伤寒杂病论》

陶器、瓷器最早也出现在河南。"仰韶彩陶"造型精美,"唐三彩"驰名中外,钧瓷色彩缤纷,汝瓷古朴典雅,不仅代表了历史上瓷器制作技术的最高水平,而且具有极高的美学艺术价值。

图 5 - 51 仰韶彩陶

被誉为"科圣"的东汉太史令张衡，发明的"地动仪"比西方早1700 年；创立的"浑天说"，比同时代的希腊天文学家托勒密"宇宙理论"先进得多。

图 5 –52　张衡地动仪

郑州发现的汉代冶铁高炉，为世界上最早的椭圆形高炉。唐代河南人僧一行，不仅发明了世界上最早的自动计时器，而且比英国天文学家哈雷早 1000 年提出了"恒星自行"的观点，他与同行们进行了世界上首次子午线实测活动，因此而成为古代天文学发展的里程碑。中国的四大发明，都是在中原孕育而发明的。

十　节庆文化资源

作为中华民族的发源地和文化大省，河南省具有悠久的历史、朴实的民俗风情、灿烂的文化和丰富的旅游资源。浚县庙会、淮阳太昊陵庙会、宝丰十三马街书会、洛阳牡丹花会等节庆活动由来已久，广受游客青睐。特别是洛阳牡丹花会，从 1983 年起，洛阳已连续成功地举办了 33 届牡丹花会，并于 2008 年 6 月被国务院授予"国家级非物质文化遗产"，上升为国家级的文化品牌。此外，郑州国际少林武术节、开封菊花会、安阳殷商文化节、信阳茶文化节等都具有 10 年以上的举办史，并且都有一定的区域影响力。近年来，为促进旅游业的发展，展示河南省的良好旅游形象，为广大来豫游客提供更加丰富的旅游项目和内容，省政府、省旅游局和一些市县利用富有特色的区域自然和文化景观，陆续组织和推出了一系列丰富多彩的节庆旅游活动。如洛阳河洛文化旅游节、新郑黄帝祭祖大典、焦作山水国际旅游节、三门峡国际黄河旅游节、王屋山国际旅游登山节、中国姓氏文化节等，其数量呈逐年增加之势，而且在内容和形式上也越来越丰富。

根据节庆活动的主题，参照旅游学界有关专家的观点，河南的节庆旅游活动大致可以分为以下几类：

（1）物产节：如中国信阳茶文化节，荥阳市河阴石榴文化节，内黄红枣文化节等。

（2）自然景观节：如洛阳牡丹花会，开封菊花会等。

（3）人文景观节：如黄帝故里拜祖大典，淮阳祭拜伏羲大典，中国郑州国际少林武术节，河洛文化节，卫辉"太公文化节"，禹州钧瓷文化节，中华姓氏文化节，盘古文化节，华商文化节等。

（4）历史文化节：如安阳殷商文化旅游节，炎黄文化旅游节，老子文化节，中国许昌三国文化周等。

（5）生产经营活动节：如张仲景医药节，郑州商品交易会，驻马店东西合作交易会，国际制药机械博览会等。

（6）休闲娱乐活动节：巩义雪花洞拍手定情节，国际黄河旅游节等。

从主题的选择上看，河南省节庆旅游多集中于民俗和文化展示，休闲娱乐类的旅游节庆相对较少。从举办主体来看，河南省节庆旅游主要为政府主导，但也呈现出多样化、市场化的运作模式。从地域分布来看，河南节庆旅游活动多集中在郑汴洛旅游沿线，分布特点和旅游、文化资源的分布具有一致性。

以上所列，对于河南丰富的传统文化资源来说，也许只能算是沧海之一粟。从历史文化资源这个角度来看，河南无疑是得天独厚。然而，资源并不等于产品。如何开发利用好这些资源，来进一步促进河南文化、旅游产业的发展，促进河南经济的腾飞，是各级政府所必须正视和认真考虑的。

第六章　河南文化与河南区域竞争力

第一节　河南区域竞争力

　　以迈克尔·波特、潘罗斯等学者为代表的著名学者在关于区域竞争力理论方面的研究多是将国家或企业作为研究对象，如波特的"竞争位势"理论和区域竞争力模型及潘罗斯"资源基础"理论等。区域竞争力是指一个经济区域在其从属的经济大区域中相对于其他经济区域的资源优化配置能力。通俗地说，区域竞争力是本区域在大区域中吸引资源和争夺市场的能力。而一个区域的经济能够持续健康增长，必然是以该区域的文化背景和文化资源作为其基础力量。国家统计局严于龙（1998）认为，地区经济竞争力是一个地区（省、区、直辖市）国民经济在国内竞争中表现出来的综合实力的强度，国内外贸易、金融、投资的地位，强调一个地区提供基础设施、所达到的科技水平、社会发展水平和经济发展状况。随着我国市场经济的进一步发展，区域性特色经济发展模式日趋明显，区域文化已经渗透到该区域的经济社会发展中，实现着从传统到现代的转化，形成了有地方特色的经济社会发展道路。

　　由于区域传统文化具有自身的区域特性，因此为区域经济发展提供了比较优势。绝对优势建立在该国所拥有的自然优势与获得性优势基础之上。根据亚当·斯密的绝对优势理论，有利的生产条件来源于有利的自然禀赋或后天的有利条件。自然禀赋和后天的条件因国家而不同，这就为国际分工提供了基础。因为有利的自然禀赋或后天的有利条件可以使一个国家生产某种产品的成本绝对低于别国而在该产品的生产和交换上处于绝对有利地位。各国按照各自的有利条件进行分工和交换，将会使各国的资源、劳动和资本得到最有效的利用，将会大大提高劳动生产率和增加物质财富，并使各国从贸易中获益。因此，丰富的河南文化一旦进行开发，将为文化产品的生产降低成本，同时提升文化产品价值，又由于传统文化资源的稀缺性和垄断性，生产的文化产品将具有极大的竞争力。

根据大卫·李嘉图的比较优势理论，一国在两种商品生产上较之另一国均处于绝对劣势，但只要处于劣势的国家在两种商品生产上劣势的程度不同，处于优势的国家在两种商品生产上优势的程度不同，则处于劣势的国家在劣势较轻的商品生产方面具有比较优势，处于优势的国家则在优势较大的商品生产比较优势理论方面具有比较优势，两个国家分工专业化生产和出口其具有比较优势的商品，则两国都能从贸易中得到利益。对于区域间同时具有相同的传统文化资源，它们也是存在差异的，因而区域间可以根据自己的比较优势来发展相关的文化产业，从而获得比较利益。

河南有着极其丰富和宝贵的历史文化积淀，如何发挥河南传统文化优势，加强配套设施建设，带动周边产业发展，发挥河南区位辐射效应，对提升河南的区域竞争力有着积极而又深远的影响。

第二节　大力发展公益性文化事业

一　加快文化基础设施建设，提升城市文化建设

2005 年，河南省开始加大了对基层文化事业的投入，从 2006 年起，省级安排的县级图书馆、文化馆、群艺馆等"三馆"建设补助资金，由每年的 185 万元增加到 1000 万元，专项用于财政困难县图书馆、文化馆、群艺馆的补助。2009 年，河南省安排 3000 万元文化产业发展专项资金，引导和带动社会资本投入文化产业。2012 年，全省财政文化体育与传媒支出 69.6 亿元，增长 20.9%，促进了文化产业的大发展大繁荣。

要丰富节会文化活动，提升城市文化建设。一方面，各专业艺术团体要坚持面向基层、面向农村、面向企业常年送戏下乡；另一方面，要认真组织做好每年的元旦、春节、花会、"十一"、河洛文化旅游节等重大节庆日期间的社会文化活动，举办一些涉及面广、参与性强、持续时间长，广场文艺演出、电影晚会、广场舞会等活动，烘托节日气氛，丰富群众文化生活，成为广大群众参与文化建设，展示文明风采的重要载体。

要在城市建设中更多地融入历史文化元素，彰显城市个性、提升城市

品位，增强城市的魅力和吸引力。依托河南丰厚的文物遗存，按照"开发、保护、研究、包装、展示"的思路，打造有震撼力的特色文化产品，积极创建一批地域特色鲜明、群众参与性、娱乐性强的特色文艺节目。以建设旅游标准化试点城市为抓手，延伸旅游产品链、服务链和经营链，拉长产业链条，提高附加值，打造具有河南特色的旅游产业体系。

二　注重文化建设，营造学习型区域

教育是文化的重要组成部分，也是文化传播与创新的重要手段。河南省人口众多，教育落后，文化观念陈旧，严重阻碍了先进文化的传播和传统文化的创新。必须加强文化建设，通过社会舆论宣传，引导人民树立健康的文化追求和思想观念，形成积极向上、富有活力的河南文化精神；大力发展文化教育事业，加大教育投入，提高人口素质。同时应建立相应机制和制度培养、吸引、激励、留住高素质人才。河南有许多高等学校和科研机构，充分发挥其作用，在整个河南区域内形成浓厚的学习氛围。

三　完善文化产业人才机制，提高文化产业人才素质

（一）完善文化产业人才机制

首先，完善文化产业人才管理机制，确保文化产业人力资源的合理优化配置。应当建立文化产业人才市场，一方面促成人才分配、流动，另一方面能满足相关企业的人才要求。围绕用好用活文化产业人才，完善政府宏观管理、市场有效配置、单位自主用人、人才自主择业的文化产业人才管理体制，最大限度地释放文化产业人才创新、创造的激情和活力，把良好的文化产业人才措施长期化、制度化、常态化。健全文化产业人才市场体系，发挥市场配置文化产业人才资源的基础性作用。建立并完善文化人才资源信息库，构建一个可以自由流动、各尽所能的人力资源体系。

其次，完善文化产业人才激励机制。建立以人力资本价值实现为导向的激励保障机制。建立规范有效的文化产业人才奖励制度。鼓励用人单位结合本单位实际，制定具体的文化产业人才奖励措施，及时奖励成绩显著、贡献突出的各类文化产业人才。鼓励各市（县）结合本地区的实际，制订促进文化产业人才成长、鼓励人才创新创业活动，帮助文化产业人才创业实践，保障文化产业人才合法权益的政策举措，创新多元化的机制激励文化产业人才的模式。根据河南省的人才政策，制定切合本地区需要的实施细则，尤其是在文化产业人才激励机制的创新上，不断探索新的路径、新的形式、新的方法、新的举措，形成独具特色的文化产业人才激励

机制。

总之，要实施文化产业人才战略，必须加大人才机制创新力度，创造优秀人才进得来、留得住、用得上的识才用人机制，建立起有活力的文化产业优秀人才、特殊人才的使用与激励机制。

（二）提高文化产业人才素质，促进就业

首先，要加强文化产业人才宏观管理，制定文化产业人才发展长期规划，要以高层次人才培养为重点，大力抓好以学术科技带头人为代表的人才队伍建设，尤其是针对入世带来的传统产业人才过剩而高新技术和高级管理经营人才短缺的状况，应该加速培养针对文化产业方面的国际化创新型、复合型、协作型人才。

其次，要加大人力资本投资。建立由政府、社会、单位、个人等多元化、多渠道的投入机制。由政府设立文化产业人才开发专项基金、传统文化技能人才培训基金，用于紧缺人才、拔尖人才、领军人才、技能型人才的培养。发挥用人单位的主体作用，通过强化用人单位吸纳人才的主体地位。同时，个人根据社会和文化企业的需要加强自身文化素质和管理水平的提高也是加强人力资本投资的重要方面。

第三节　树立地区形象，提高河南文化知名度

一　形象创新

地区形象是社会公众对一个地区的自然资源、经济、社会、科技、文化等方面的发展规模、水平、质量及发展速度等的总体看法和综合评价，它反映了人们对一个地区的整体环境的感受与认知，是该区域社会资本的一个重要组成部分，一个正面、积极的地区形象将有助于各类资源向该区域的集中，从而提高该区域的竞争能力，而负面、消极的地区形象则肯定会降低该区域对外部资源的吸引力，甚至区域自身的资源也会不断流失。区域的对外形象直接关系到一个地区在更大区域范围内的竞争地位，从目前的情况看，商业信誉的建立、企业经营行为的规范和交易成本的降低是在经济层面上重塑河南形象的重要环节。同时利用传统文化资源优势推动经济的振兴，也是河南经济腾飞的必由之路。

但是，由于宣传力度不够，致使传统文化资源在河南的经济发展中不

能发挥出其应有的作用。如河南的旅游资源，像龙门石窟、白马寺、少林寺、龙亭、清明上河园、殷墟、岳飞庙、红旗渠、牡丹文化节、菊花展等品位相当高的旅游景点，完全能够使旅游业成为河南的龙头产品。但由于宣传促销工作没有彻底做好，河南省的旅游业与沿海地区发达的旅游城市还有相当大的差距。大力宣传河南的传统文化，就要投入大量的人力、物力和财力，多渠道、多方位地抓好宣传工作、凸显河南的传统文化资源优势。

要设法让河南人、中国人、全世界的人都认识并了解河南丰富的传统文化资源。最好策划出一个以文化为主题的河南旅游促销口号，鲜明地打出"文化旅游"招牌，提升"河南文化"形象，运用交易会、出版物、电影电视节目、国际互联网等多种形式加强对外宣传，使之逐步深入人心。河南省委领导分别在 2001 年、2004 年、2005 年亲自带队组织活动推介河南文化，在上海，徐光春接受上海主流媒体的专访，赴电台直播间与听众进行交流，借助上海这个国际化大都市亲自向外界推介河南，展示河南新形象。许多上海听众感慨地说："省委书记能亲自与上海普通市民直接对话，宣传河南经济社会发展情况，河南人民有福气。"这些宣传推介了河南传统文化，树立了河南形象。近两年来，河南省先后举办了河南文化港澳行、台湾行、海南行以及澳洲行、欧洲行，都在当地掀起了"河南风"，都开启和促进了人们对河南文化现象的宣传、了解和研究。

二 推动文化产业的技术创新

现代文化产业作为知识密集、信息密集、技术密集的新兴产业，撬动其发展的是创意，支撑其发展的是科技。我国现代文化产业的发展必须建立在科技创新的基础之上，依靠科技创新推动现代文化产业的蓬勃发展。

首先，建立资源开发与现代技术的互动机制，用高新技术来改造资源开发和产业发展。掌握具有自主知识产权的核心技术，大力发展科技含量高、知识含量高、附加值高的文化产品，把资源开发优势变为产品开发优势。现代信息技术、数字文化和多媒体传播的兴起，使文化资源开发和文化产业发展在科技装备、技术手段、载体形式上更趋现代化，对传统文化资源进行数字化的系统开发，是将资源储备转化为产业资本和产业成果的关键环节和有力手段，可以促进资本增量的扩大和产品档次的升级。

其次，运用数字技术来武装文化产业。必须加强数字化信息资源建设，做好文化资源信息统计工作，建立完整的文化资源评估指标体系并进行资源动态评估，为政府部门和文化企业提供决策咨询服务和情报资讯服务。以信息数据为载体，建设文化信息资源共享工程，有效利用现代技术手段，对优秀文化信息资源进行数字化整合，形成大规模、分布式、全息性的文化资源数据库群，充分发挥文化信息资源网络系统优势。以丰富的信息资源为社会提供信息数据共享服务，以利于促进文化资源的优化整合、深度开发和高效利用。

最后，依托高新技术增强文化创意。创意是传统文化资源产业化开发促进区域经济发展的重要源泉。由于文化产业的核心价值在于文化创意，文化产业主要是通过创意激活传统文化资源，并对其进行重新组合，产生经济社会效益。依托高新技术增强文化创意，开发具有高科技含量的文化产品，利用现代信息和数字技术手段，以信息网络为平台，实施高科技、数字化工程，使文化产业在互联网中不仅以丰富的内容存在，而且以虚拟的形式存在。具体通过电影电视、网络媒体、歌舞表演等方式实现文化历史资源的经济价值。

三　实施品牌营销战略，促进河南传统文化走出去

要提高河南文化的竞争力，首先必须全力打造河南自己的文化产业知名品牌。一方面，要能够吸引相关产业的配套企业即供应商、中间商、专业技术人才在相关区域内集聚，从而提高企业的专业化程度和协作水平，增强企业能力、降低交易成本、推动专业化市场形成，提升整体创新能力。另一方面，由于品牌所有的共享性、导向性、扩散性，打造品牌还有助于区域产品促销。以产业聚集为基础的区域品牌，是外界了解其核心和产业重点，便于生产者和消费者识别并作出反应。

其次，河南政府也应有计划、有步骤地培育河南自己的文化产品，打造自己的文化品牌。通过政策扶持、专项资金投入等支持优秀品牌的创建，通过组织大型文化节庆活动引导群众的文化消费倾向，运用法律手段净化文化市场，在市场竞争中全力打造行业品牌，通过品牌引导文化产业发展。

再次，我们要实施品牌营销战略、重视文化贸易，促进文化走出去，引进国内外资金、技术、人才和管理，加之我国丰富的文化历史资源优势，打造一批中国特色的知名品牌，同时借鉴我国其他省份成功的品牌营销经验，把河南的文化品牌和文化产品推向国内市场，把中国的文化产品推向国际市场，从而促进河南经济的发展。

最后，要加强法律保障，完善文化经济管理体制。一方面，要注重品牌的法律保护。文化企业参与国际竞争应当学会运用相关的法律来保护自己的品牌，包括通过商标国际注册、利用 WTO 相关规则以及有关的国际公约，加强文化立法和执法，确保在加入 WTO 后尽快适应各种"游戏规则"，来维护自身的合法权益，为品牌的成长创造良好的生存环境。另一方面，通过立法，进一步加强管理，政府制定管理规则，建立全面权威科学的文化历史资源管理保护机制，对文化历史资源的开发、保护、利用进行严格管理和监督，对人为因素的破坏给予一定处罚。加强公众的保护意识，使广大公民能够充分认识保护国家文化历史资源的责任与义务，充分发挥志愿者及民间社会组织的重要作用，保证文化历史资源的可持续利用和区域经济的可持续发展。

第四节 河南文化发展战略

一 战略目标

经过对河南文化产业发展战略分析，笔者认为，河南文化产业要健康、有序发展，必须首先确定正确的战略目标。

（一）总的目标

河南省政府高度重视河南文化产业的发展，在下列文件中提出了河南文化产业的发展目标：在 2013 年，河南省人民政府关于批转河南省文化产业发展战略重点方案的通知（豫政〔2013〕24 号）中提出，截至 2010 年年底，全省共有文化产业法人单位 17196 个，实现增加值 367.13 亿元，同比增长 15.9%，高出同期生产总值增速 3.7 个百分点，从业人员年增长 4.97%，高于全社会从业人员 1.3% 的增速。到 2015 年，文化产业规模和竞争力显著提升，文化市场主体进一步壮大，文化原创能力进一步提高，文化发展活力进一步增强。文化产业增加值增速高于服务业增加值增速，全省法人单位文化产业增加值占生产总值的比重提高到 2% 左右。培育年营业收入超过 50 亿元的大型文化企业 2—3 家、超过 10 亿元的文化企业 6—8 家，上市公司 2—3 家。郑州市法人单位文化产业增加值占全省法人单位文化产业增加值比重达到 30% 左右，区域性文化中心辐射带动作用显著增强。华夏历史文明传承创新区建设初见成效。在《河南省文化产业强省规划纲要（2005—2020 年）》中提出，到 2020 年，河南全省文化产业增加值年均增长 15% 左右，占 GDP 的比重达到 7%，文化产业成为全省国民经济的重要支柱产业。

（二）具体发展目标

第一，基本形成技术先进、优质高效、与国际市场接轨的文化产业体系。建立以大型文化企业集团为支柱，各类中小型企业互补的文化产业格局；大力发展文化产业创新项目，构筑有效的文化产业链；在文化产业发展主要指标上，达到国内先进水平和接近国际大都市水平，生产出丰富多彩、人们喜闻乐见、适销对路的各类文化产品，最大限度地满足人们日益增长的文化需求。

第二，基本形成多渠道、多形式、规范灵活的文化产业运行机制。允许和鼓励国内民间资本、非文化企业介入文化产业领域；支持和引导外资、个体、私营、民营企业对文化产业的投资和经营；以多元高效的现代企业运作方式，建立起若干文化产品的连锁经营集团和网络文化的连锁经营机构。

第三，基本形成亚太地区有较强辐射力的文化市场，在交易种类、交易方式、服务规范等方面与国际市场接轨。以市场机制为基础，跨地区、跨行业配置各种文化资源，使河南的文化生产和服务在国内和国际文化市场的竞争中得到发展，最大限度地实现河南文化市场的合理配置，使河南成为整合开发中部文化资源的中心和文化产业市场中心，成为对全国文化贡献率最高的省区之一。同时，实施"走出去"战略，参与文化产业的国际竞争，努力开拓海外特别是亚太地区文化市场。

第四，基本形成在社会主义市场经济条件下，适应文化产业发展的文化管理体系，营造出良好的文化产业发展环境，保障文化市场规范有序、健康发展，实现文化产业结构优化、文化经营运作市场化、文化生产服务社会化、文化技术手段现代化。

二　战略要点

进一步推进河南文化产业发展，加快历史文化资源向经济效益转化，实现上述战略目标，使河南省加快从"文化大省"向"文化强省"迈进的步伐，必须明确河南文化产业发展的五大战略要点。

（一）进一步挖掘历史文化资源

历史在河南这块悠久沧桑的大地上沉淀下来的财富是其他省市所无可

比拟的，要积极发掘河南省的历史文化资源，突出地方文化特色，立足优势文化艺术门类和强势文化产业，开发、推广、创立新的产品品牌和产品形象。

加大"河南农村特色产业村评选"之类活动的支持力度和宣传推广，使更多的民间历史文化资源浮出水面，转化成竞争力，走向市场，创造出更大的经济效益。

（二）进一步优化文化产业结构

可以围绕三个目标调整文化产业结构。一是要大力提高文化服务业增加值在文化产业结构中的比重，优化文化服务业构成。一方面继续保持新闻出版等媒体传播业的主导地位，另一方面提高文博会展业、文化旅游业、文化信息服务业、文艺娱乐业在文化服务业构成中的比重。二是根据《国务院关于非公有资本进入文化产业的若干决定》，扩大开放，大力鼓励、引导非公有资本进入文化产业，增加非公有资本在文化产业结构中的比重，逐步形成多种所有制经济共同发展的文化产业格局。三是通过高新技术与文化产业的结合，改造传统文化产业，改善文化产业结构，增加高新技术文化企业在文化产业构成中的比重，依靠技术进步，鼓励创意、创造、创业，催生文化产业新业态，扶持具有自主知识产权的文化产品，培育新兴文化消费市场，提高新业态对文化产业增加值的贡献率。

（三）进一步提升文化产业的技术水平

现阶段，河南农村文化产业依托丰富的历史文化资源蓬勃发展，但是特色农村文化产业缺乏高新技术的支撑无法做大做强。如宜兴紫砂壶将紫砂传统工艺和现代科技完美结合畅销国内外，而河南神后钧瓷文化历史悠久，有1200多年历史，位居中国五大名瓷之首，有"黄金有价钧无价"之称，但是到目前为止钧瓷的市场知名度远远不如紫砂壶。这有市场开拓的原因，更多的还是传统工艺和现代科技相结合不够的原因。又如，众所周知的河南"花木兰"被美国迪士尼经过科技包装搬上荧屏取得巨大经济效益，而中国人拍的《宝莲灯》却仅仅收回成本，这一事实也在促使河南加快文化产业的技术提升，加快文化资源向经济效益的转化。河南文化产业技术水平的提升，可以依托各类高新科技文化企业，依托"河南文化产业发展研究院"、"国家振兴动漫产业基地"和以运用高新技术为特征的影视后期制作基地、出版集团、歌舞剧院等重大文化产业基地建设，全面提升河南文化产业的技术能级，带动河南文化产业实现跨越式发展。

（四）进一步加紧培育文化产业的知名品牌

立足现实，继续加大"大河报"、"宋文化清明上河园"、"少林寺"等一系列知名品牌的扶持、强化和推广，以政策导向拓展知名品牌发展空间，以知名品牌树立河南文化产业的主体形象，并有效带动相关资源的整合。同时，要特别注意扶持在新兴文化产业领域具有核心技术和自主知识产权的新兴品牌，如河南伏羲文化发展有限公司等。

（五）进一步优化文化产业布局

根据河南文化发展的总体目标和形态布局，结合本省各区域产业环境和发展实际情况，使区域产业选择与区域文化传统、文化资源、文化需求、文化消费特点相吻合，形成相互错位竞争、相互关联互补的重点文化产业功能区域。在空间布局上，将形成"一带两翼"的总体布局，即以郑州为主轴，以豫北和豫南为两翼，以各地特色文化产业区块为支撑，构建"一带两翼"的区域文化发展格局，着力打造具有中原文化和黄河文化特色的沿黄文化长廊，努力把郑州建成河南文化产业中心和全国重要文化产业基地，形成对全省乃至全国文化产业的强劲辐射和带动作用。

第七章　河南文化产业发展现状及问题分析

第一节　河南现代文化产业发展简介

河南省的文化产业伴随着改革开放的不断深入逐步发展，并随着社会主义市场经济体制目标的确立和国家大力推进第三产业发展而迅速壮大起来。改革初期，一些文化单位率先进入市场开展经营活动，部分文化单位试行企业化经营，使文化产品和服务的社会生产属性逐步显现。进入 21 世纪，党和政府明确提出建立社会主义市场经济体制，大力发展包括文化产业在内的第三产业，文化领域面向市场的改革步伐明显加快，文化产业开始进入快速发展时期。2012 年，河南省文化产业法人单位实现增加值 670 亿元，按同口径计算，比上年增长 17.5%，占 GDP 的比重为 2.26%，文化产业对全省当年经济总量增长的贡献率为 3.7%。2013 年，全省事业文化机构 2829 个，从业人员达 43460 人，企业文化机构 10227 个，从业人员达 63578 人。与此同时，社会所办的文化产业发展更加迅猛。2013 年，全省共有文化市场经营机构 9909 个，从业人员 53009 人，经营面积 330 万平方米，主营业务收入 384933 万元，营业利润 160218 万元。

2014 年末，全省共有艺术表演团体 173 个，文化馆 205 个，公共图书馆 157 个，博物馆 246 个。新增 24 个民营博物馆。全国重点文物保护单位 358 处。入选国家级非物质文化遗产名录 113 个。广播电台 18 座，中、短波广播发射台和转播台 30 座，广播人口覆盖率 98.09%。电视台 18 座，教育台 10 座，电视综合人口覆盖率 98.11%，有线电视用户 972.28 万户。全年图书出版总印数 2.45 亿册，期刊出版总印数 1.11 亿册，报纸出版总印数 20.97 亿份。年末共有综合档案馆 177 个，已开放各类档案 364.13 万卷（件）。

但是，河南省文化产业的发展还很不充分，还不能满足人民群众日益增长的精神文化生活需求。2011 年，全省文化教育娱乐及服务类支出城镇居民为 512.53 亿元，仅占城镇居民总支出的 8.8%，农村居民为 157.63 亿元，仅占农村居民总支出的 5.6%。2012 年，全省文化教育娱乐及服务类支出城镇居民为 595.07 亿元，仅占城镇居民总支出的 8.9%，农村居民为 188.96 亿元，仅占农村居民总支出的 6.1%，河南省有专业艺术表演团体 200 多个，约有半数常年无戏可演。这与河南的经济大省和文化资源大省的地位极不相称。河南文化产业经济总量规模小，2010 年全省文化产业法人单位增加值仅占生产总值的 1.6%，远低于全国 2.75% 的平均水平。文化产业结构不合理，2010 年河南省文化产业"核心层"（包括新闻服务、出版发行和版权服务、广播电视电影服务、文化艺术服务等）、"外围层"（包括网络文化服务、文化休闲娱乐服务、其他文化服务等）和"相关层"（包括文化用品设备及相关文化产品的生产和销售）增加值之比为 34.8∶19∶46.2，新闻出版业、文化产品和设备制造业所占比重过大，文化创意、数字出版、移动多媒体、动漫游戏等高技术含量的新兴文化产业占比过小。缺乏竞争力强的市场主体，没有形成文化品牌，进入文化产业的社会资本偏少。

2013 年，河南省文化产业增加值仅占全省 GDP 的 3% 左右，占第三产业增加值的 9% 左右。同年河南省城镇居民人均教育文化娱乐消费支出仅占其家庭总支出不到 10%，而其中大多为教育支出，用于文化娱乐的消费少之又少。

文化产业的发展已经成为世界潮流，作为新兴的朝阳产业在各国经济发展中具有越来越重要的地位，许多发达国家的文化产业不仅在发展速度上超过传统产业，而且在产业发展规模上已经成为国家的支柱产业。随着我国人均收入水平的提高和人民群众休闲时间的增加，人们在精神文化方面的消费需求会有更大幅度的提高，文化消费市场潜力巨大。2013 年，河南省文化、体育、娱乐产业所吸纳的就业人员 11.27 万人，仅占第三产业总就业人数的 0.63% 左右，而一般发达国家占 3%—6%。因此，"十三五"期间大力发展河南省的文化产业，对于推动经济增长、有效拉动内需、解决就业问题具有极大的促进作用，发展前景十分广阔。

第二节 河南文化产业开发的 SWOT 分析

河南文化产业近期发展较快，但还不够发达，与经济大省的地位极不相称，距离打造文化强省的要求还有很长的距离。但应该看到，河南发展文化产业有着得天独厚的优势和潜力无穷的增长空间，且正面临着前所未有的良好环境和发展契机。从开发水平上看，河南省文化产业所占用资产、文化产业从业人数、资产配置等方面处于中部地区的中低水平。产业层次较低，结构不尽合理。具体分析如图 7 –1 所示。

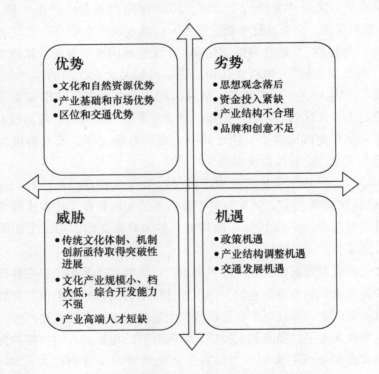

图 7 –1 河南文化产业开发的 SWOT 分析

一 河南文化产业开发的优势

大力发展河南文化产业正逢其时。近几年来，省委、省政府高度重视河南文化事业的建设，成立了河南省文化体制改革领导小组，一系列围绕发展文化产业的文化体制改革试点逐步推进，出台了《河南省建设文化强省规划纲要（2005—2020 年）》，对文化强省的前景做了具体的描述。在具体措施上，省政府进行了务实的部署。河南财政支持文化发展专项资金 4 亿元至 5 亿元；文化企业将享受河南地税局出台 15 条税收优惠政策；投资 7.3 亿元的河南文化中心正在郑州新区建设；河南报业集团和河南出版集团被批为文化体制改革试点。全省人民对丰富和活跃精神文化生活，打造有中原特色的文化产业有着强烈的要求，相关产业已经成为推动河南省经济社会发展不可忽视的重要力量。

另外，社会资金纷纷投向文化产业。仅 2005 年，"河南省重大社会文化项目推介活动"引进社会资金高达 3703.8 万元，其中，签约资金超过 300 万元的项目有 5 个，超过 100 万元的有 6 个。依托丰厚的文化资源，河南省文化产业招商引资赢得盆满钵丰，仅上海与河南省合作总投资额就达 38.5 亿元。

（一）河南区位和交通优势

良好的区位优势和交通优势增强了文化发展的承接力和辐射力。河南位于我国中部偏东、黄河中下游，东接安徽、山东，北接河北、山西，西连陕西，南临湖北，东西长约 580 公里，南北跨约 550 公里。全省土地面积 16.7 万平方公里，在全国各省市区中居第 17 位。

良好的环境、丰富的资源、独特的市场优势，再加上通过体制创新实现的后发优势，河南文化产业的发展完全具备了实现跨越式发展的主观条件和客观条件。因此，在全面建成小康社会、奋力实现中原崛起的过程中，按照落实科学发展观、构建和谐社会的要求，改革文化体制，大力发展文化产业势在必行。

河南正处于我国第二阶梯向第三阶梯的过渡地带，位置适中。河南在全国的版图上，从政区和交通地位来看，占着居中的地位。以河南为中心，北至黑龙江畔，南到珠江流域，西到天山脚下，东抵东海之滨，大都跨越两至三个省区。若以省会郑州为中心，北距京津唐，南下武汉三镇，西入关中平原，东至沪、宁、杭等经济发达地区，其直线距离均在 600—800 公里。在历史上，河南一向是我国人民南来北往、西去东来的必经之地，也是各族人民频繁活动和密切交往的场所。

一直被称为"九州心腹，十省通衢"的河南，陆路交通体系非常发达。铁路方面，河南被称作中国铁路的"心脏"，京广、京九、焦枝、陇海、新菏等铁路干线纵横交织于河南；公路方面，河南则是中国公路的枢纽中心。国家干线公路、干线铁路、高速公路、高速铁路在河南纵横交错，构成了较为完善的交通网络，河南的陆路交通枢纽地位也由此确立。这种优越的地理位置和方便的交通条件，更加密切了河南与全国各地的联系。因此，无论从与全国经济联系考虑，还是从相邻省区经济技术交流着想，河南均处于中心位置，在当前大力发展社会主义市场经济、开发中西部地区的形势下，对全国经济活动中的承东启西，通南达北的重要作用是其他省区不可比拟的，同时，便于传播河南深厚的文化，提高河南文化产品的市场竞争力，发挥河南文化的产业聚集、辐射和带动作用。

总之，在对外文化交流和对外文化贸易中，河南处于承东启西、连南贯北的重要战略位置。"得中原者得天下"，这种地理优势作为一种"地利"，对于发展文化产业有极大的便利。由于我们文化产业动手晚，我们的包袱也小，文化产业发达地区成熟的做法和经验，能够使我们少走很多弯路。

（二）河南文化和自然资源优势

河南在中华民族文化乃至东方文化的形成与发展史上有非常重要的地位。河南是中华文明的发祥地之一，河南文化产业的发展具有传统文化资源丰富的优势，古都、历史文化名城、历史文化名人比比皆是。河南是文物大省，全省地上文物的保有量在全国各省排名第二，地下文物的保有量则排名第一。在专家评定的"中国20世纪100项考古大发现"中，河南共有17项发现入选，名列全国第一，安阳殷墟则以最高票名列百项之首。国家八大古都，河南占有四席，数量居全国之首。这些既是繁荣文化事业的基础性资源，也是发展河南文化产业的战略性资源。

大量的史书记载和多年的考古发掘证明，至少在8000年前，我们的祖先就在这里开创了人类文明的先河，从公元前21世纪中国第一个王朝——夏朝到公元13世纪的金代，这几千年间，先后有20多个朝代的200多位帝王建都或迁都于此，留下了难以尽数的名胜古迹。堪称"国宝"的国家级文物保护单位就有96处，地下文物居全国第一，馆藏文物130万件，约占全国的1/8。

河南文化资源种类繁多，分布广泛，底蕴丰厚，认同感强。全省地下文物、馆藏文物、历史文化名城、全国重点文物保护单位数量均居全国前列，现有世界文化遗产5处——洛阳龙门石窟、安阳殷墟、登封

"天地之中"历史建筑群、大运河、丝绸之路；国家级历史文化名城8座。前面提及的名人文化、古都文化、墓葬文化、寻根文化、宗教文化、饮食文化、戏曲文化、武术文化等众多文化资源仅是河南文化资源的一部分。

河南不仅拥有丰富的历史人文资源，还有着得天独厚的自然资源。黄河流经河南700多公里，其间从中游到下游，既有三门峡水库的碧波荡漾，又有郑州黄河游览区的波澜壮阔，更有开封高出地面14米的"悬河"奇观。黄河小浪底水利枢纽工程已成为长江以北最大的水面，宽3公里，长132公里，出现高峡平湖的壮丽景观。近年来开辟的"大黄河游"和"黄河漂流"，被游客誉为"充满野趣和史诗般的辉煌"。郑州嵩山、洛阳龙门、信阳鸡公山、焦作云台山、济源王屋山、鲁山尧山、林州林虑山都是国家级风景名胜区，加之近几年陆续开辟、推出的新乡八里沟、嵩县白云山、焦作青龙峡等名山秀水，更吸引着大批国内外游客。

对此，我们一定要科学谋划，倍加珍惜，以时不我待的精神，加快开发步伐，使物质化的文化遗存通过深度挖掘拉长产业链，使精神化的文化资源通过物质化的载体实现其商品价值和文化服务价值，尽快把资源优势转化为产业优势。

（三）产业基础和市场优势

传统文化资源是文化产业和区域经济发展的基础要素之一。河南拥有较好的文化产业基础。一方面，河南文化设施比较齐全。改革开放以来，河南的文化事业取得了长足进展，形成了一批标志性文化设施，基础文化设施基本健全。目前，全省共有公共图书馆157个，博物馆、纪念馆246个，文物及文化保护机构358个，群众艺术馆、文化馆205个，文化站2264个。以城市社区文化中心、乡村文化中心、文化大院等为基础的文化设施网络日益完善，广播覆盖率98.09%，电视覆盖率98.11%，有线电视入户率28%以上，广播电视初步形成有线、无线、卫星互为补充的交叉、梯度传输覆盖网络，为群众就近、便利、有选择地享受文化成果、参与文化活动创造了条件。另一方面，河南文化产业已初具规模。首先，文化企业数量和文化产业增加值快速增长。表7-1、表7-2是2011年、2012年河南省文化、娱乐业分行业法人单位财务指标，近两年来文化单位逐步增加，文化产业已初具规模，发展势头良好，在国民经济运行中的贡献占据一定份额。其次，新兴文化产业初露端倪。近年来新兴文化产业正在成为河南文化产业新军。一批动漫企业崭露头角，整体实力和影响力不断得到提升，已呈现出良好的发展态势。

表 7 - 1　　2011 年河南省文化、娱乐业分行业法人单位财务指标

	文化艺术业	新闻出版业	广播、电影电视和音像业	娱乐业
单位数（个）	1944	169	552	661
营业利润（万元）	17715	49196	25050	22775

表 7 - 2　　2012 年河南省文化、娱乐业分行业法人单位财务指标

	文化艺术业	新闻出版业	广播、电影电视和音像业	娱乐业
单位数（个）	1967	173	522	3632
营业利润（万元）	20947	39103	17474	103103

国内潜在的巨大市场为河南文化发展提供了巨大空间。一方面，"十一五"以来，我国文化事业费逐年增加，增长速度保持在 18% 以上的较高水平。2013 年，全国文化事业费 530.5 亿元，比上年增加 50.39 亿元，增长 10.5%，保持了较快的增长速度。表 7 - 3 显示了 2010—2013 年文化事业费总量和增长速度。另一方面，仅河南省内就有近 1 亿人口的消费市场，调查显示，居民文化消费预期较高。城镇和农村居民分别愿意拿出全部收入的 5.2% 和 2.7% 用于文化娱乐消费，按 2013 年河南城镇居民人均可支配收入 22398.03 元、农村人均纯收入 8475.34 元计算，全省城镇和农村居民年人均意愿文化消费分别应为 747.3 元和 129.8 元。据相关抽样调查资料，2009 年城镇和农村居民实际文化消费文教娱乐消费支出分别为 1164.47 元和 228.83 元，说明居民相当部分的文化消费支付能力尚未释放，有效的文化消费需求尚未得到满足。仅开封城镇居民 2013 年娱乐文教累积消费支出 1906 元，同比增长 4.2%。文化消费已逐渐成为城镇居民的消费热点。

表7-3 "十二五"以来全国文化事业费总量和增长速度

年 份	文化事业费（亿元）	增长速度（%）
2010	323.06	10.5
2011	392.62	21.5
2012	480.11	22.3
2013	530.5	10.5

同时，河南是全国人口第一大省，人口总量约占全国总人口的9%，河南省的人口是东北三省之和、西北七省之和，本身即具有广阔的消费空间。河南人均GDP已经超过1000美元，恩格尔系数城镇下降到34%，农村下降到48%，文化消费需求呈日益扩张之势，市场潜力巨大，发展文化产业已经成为经济增长的内在需求。

二 河南文化开发的劣势

（一）思想观念落后

思想决定行为，要发展文化产业，首先必须解放思想，破除束缚人们头脑的旧观念，以新的理念、新的创意、新的思维方式从事文化产业的规划、组织和生产。河南发展传统文化产业的观念，同沿海发达地区相比，有很大的差距。一方面是传统文化观念严重，河南的传统文化主要是一种农业文化，缺乏与现代经济的关联性；另一方面是计划经济的文化观念太强。在计划经济条件下，文化的政治性因素被无限放大，文化单位没有竞争观念，没有经营意识，没有对成本—收益的分析，没有对市场供求关系的把握，对文化进行"市场化运作"的能力差，文化资源闲置与浪费严重。这种观念难以适应社会主义市场经济的新形势。

（二）资金投入紧缺

河南省作为文化大省，各地拥有丰富的历史文化资源，可是，多年来，河南省对文化产业投入相对不足，文化设施相对落后。各地政府虽然发展文化产业热情高，但是由于财政紧张，投入到文化产业中的资本支出很低。河南人均文化事业费的投入几乎年年为全国最低，2013年只有17.15元，远远低于全国平均水平（38.99元），甚至低于贵州、甘肃。如果说这个数据是因为河南的分母太大，那么文化事业费支出在财政支出的比重就很有说服力了，而这个数据河南也是最低的。这与河南建设文化强省的目标不相称。我们虽然不能将文化产业发展依靠在政府投入上，但在产业发展初期，政府投入非常重要。这是我们面临的一个很大的困难。在业内人士看来，除了项目本身大多作为历史文化资源，难以找到开发的盈利点外，政府在与民间资本对接中，也没有找到有效的途径让开发商解除后顾之忧，所以一些民间资本也不愿参与，缺少开发的动力。

（三）产业结构不合理

河南城市经济体系主要是在"一五"、"二五"和"三五"时期形成的，是计划经济体制的产物，在现今的市场经济条件下，面临着体制改革和创新的压力。

文化方面的核心文化产业成长不够，没有发挥核心作用；新兴文化产业规模较小，高新技术的飞速发展，特别是数字技术的应用和互联网的普及，带来文化产品、文化服务和文化传播领域创新的重大革命，文化产业还缺乏适应性和主动性。在互联网游戏出版、互联网学术文献出版等新经济增长点方面还比较滞后；相关文化产业相对规模较大，但科技含量较低，主要集中在传统的造纸、工艺美术品制造业上，家用视听设备制造、信息化学品制造等科技含量高产业比重较低。

（四）品牌与创意不足

比如，河南的钧瓷，汝瓷、唐三彩在历史上是非常有名的，现在当地也很重视，但是由于许多人只是把它作为赚钱的手段，从而忽视了产品质量的提高。于是，大街小巷随处可见的粗制滥造的仿制品，不但产品卖不上价钱，还严重败坏了河南的声誉。另外，在文化旅游、新闻、出版、广播电视等方面，我们虽然有"牡丹文化节"、"少林武术节"、"梨园春"，我们还需要更多在全国叫得响的栏目和品牌。河南的文化产品整体上来说，还没能和现代文化融合，缺乏"大雅涵"。今后河南文化产品要有新气色，必须要在开发新产品、提升新水平、培育新品牌、创作新精品上下功夫。

三　河南文化开发的机会

（一）政策机遇

一是 2011 年 3 月公布的国家"十二五"规划明确将传承创新，推动文化大发展大繁荣作为未来五年的重要工作之一，坚持社会主义先进文化前进方向，弘扬中华文化，建设和谐文化，发展文化事业和文化产业，满足人民群众不断增长的精神文化需求，充分发挥文化引导社会、教育人民、推动发展的功能，增强民族凝聚力和创造力。

　　二是文化强省建设被摆上重要位置。河南省委、省政府高度重视文化产业发展，先后于 2005 年 7 月和 2006 年 5 月召开河南省文化产业发展和文化体制改革工作会议、河南省文化体制改革和文化事业、文化产业发展工作会议，对全省的文化产业发展和文化体制改革做出具体部署，并连续出台《中共河南省委河南省人民政府关于大力发展文化产业的意见》和《河南省建设文化强省规划纲要（2005—2020 年)》。两次会议上，河南省委书记徐光春都作了重要讲话。连续两年针对几乎同一内容召开如此高规格的会议，这在河南乃至全国是没有过的。2011 年 4 月发布的河南省"十二五"规划纲要，将"推进文化大发展大繁荣，建设文化强省"，列为河南省未来五年工作重点之一，主要是，坚持社会主义先进文化发展方向，以不断满足人民群众日益增长的精神文化需求为根本出发点，充分发挥中原文化独特优势，大力发展文化事业和文化产业，提升中原文化软实力，突出根文化传承弘扬，推动中原文化走出去，建设华夏文明重要传承区。

　　（二）文化产业调整机遇

　　经济结构的调整，制造业的升级，尤其是沿海发达地区制造业大规模升级，对文化产业提出了新的需求，而文化产业是一个转型中的产业，自身也面临重大的结构调整任务，必须从转变发展方式中获得新的推动力和增长空间。河南省文化产业是否能够持续发展，承担起参与经济结构调整的责任，很大程度上取决于结构调整是否有效，发展方式转型是否到位。2009 年出台的《文化产业振兴规划》提出了"完成经营性文化单位转企改制，文化市场主体进一步完善，活力进一步增强，文化产业规模不断扩大，推动经济社会发展的功能和作用得到较好发挥"的规划目标。

　　（三）交通发展机遇

　　便捷、快速的交通网络促进旅游文化产业的发展。河南构建"四纵五横四辐射"的"米"字形铁路网路体系。这里的"四纵"为：京九、京广（京广客专）、焦柳、运（城）丹（江口）铁路；"五横"为：山西中南部—安阳—濮阳—山东、新月—侯月—新菏兖日、陇海（徐兰客专）、洛阳—平顶山—漯河—周口—阜阳、宁（南京）—信阳—南阳西（西安）铁路；"四辐射"为：郑州至重庆客专、郑州—开封—合肥、郑州—开封—濮阳—济南、郑州—焦作—太原铁路。中原城市群城际轨道交通规划线路全部建成后，郑州至开封、许昌、新乡、焦作 4 个城市以及其他紧密层相邻城市之间的时空距离均可缩短到半小时以内。

按照客运"零距离换乘"、货运"无缝对接",把郑州建成中西部地区最大,铁路、公路、航空高效衔接的客货运中心。同时,构建以郑州为中心的航空综合运输体系。

四 河南文化开发的威胁

(一) 文化体制、机制创新亟待取得突破性进展

2009 年出台的《文化产业振兴规划》提出了"完成经营性文化单位转企改制",自 2003 年以来,河南省实行文化体制改革试点,结束了多年来的"双轨制",改变了文化单位与国家的关系。过去国有的文化机构开始向独立的市场主体转变,但是,长期形成的体制矛盾不是短时期内就能彻底解决的。文化体制改革与文化市场开放的步骤不协调,不仅在河南存在,而且是当前我国国内普遍存在的问题,相关调研资料显示制约文化大发展大繁荣的关键在于文化市场还没有建立起规范的准入和退出机制,也没有形成公平的市场竞争关系。

(二) 文化产业规模小、档次低,综合开发能力不强

文化产业总量规模偏小。文化产业是伴随着全球范围内的工业化和现代化而产生和发展起来的。随着传媒的高速发展和信息时代的来临,影视、出版、音像、广告、文化娱乐等文化产业已逐步发展为庞大的产业集团,已经成为许多地区国民经济的支柱产业之一。2013 年我国文化产业增加值为 21351 亿元,只占 GDP 的 3.63%。文化产业单位规模普遍较小,还存在着经营分散、自我发展能力较弱等问题,现代化大型文化企业在河南省较少。尽管河南省拥有丰富的传统文化资源,文化产业已有较好的基础,并已经初具规模,但结构不合理,主体产业所占比重偏低。河南文化历史资源在全国排名靠前,然而资源的优势并没有充分带来旅游业的发展和经济的进步,丰富的文化历史资源与相关经济收益的反差,在中国各省中,河南问题比较突出,然而在世界范围内的比较,中国也处于劣势,充分开发利用文化历史资源,把其转化为现实的经济效益成为河南乃至全国的问题。

随着河南省文化建设的深入开展,不少地方借助本地文化资源,进行产业开发,举办特色文化活动,这对于弘扬中原文化,推进全省文化建设,发展文化产业是十分有益的。不过,从目前的发展态势看,整体开发能力不强,缺乏全省一盘棋的缜密谋划。《中共河南省委河南省人民政府关于大力发展文化产业的意见》，《河南省建设文化强省规划纲要（2005—2020年）》和《河南省"十二五"规划纲要》从宏观层面提出了大政方针和目标措施，但仍需中观层次的配套落实，特别是迫切需要制定打破条块分割，按照集聚相关资源和拉长产业链条的立体开发、集成开发规划。

（三）产业高端人才短缺

在人才上，河南文化产业则进入到了一个"后常香玉"时代，缺乏创新型、复合型的领军人才。文化产业是高新科技和文化资源相结合的产业，在发展的进程中，集中体现了先进的生产力要求和先进文化发展方向的统一，是一个特别需要高素质人才的领域。河南省优秀的文化经营管理人才匮乏，已经成为制约河南省文化产业向规模化、高层次发展的关键因素。当前，严重缺乏高端人才和领军人物。这就要求我们必须牢固树立文化产业是创意产业、文化人才资源是第一文化资源的观念，重点抓好文化企业家、文化创作人和文化经纪人三类人才队伍建设，为文化产业的跨越式发展提供人才保障。

人才短缺已成为文化强省建设的重要制约因素。来自各方面的信息显示，几乎全省文化产业的每个领域都存在人才严重短缺问题。表7-4是2012年河南省18个地市（按行业分）文化、体育和娱乐业城镇单位就业人员数。2012年河南省文化、体育和娱乐业城镇单位就业人员数11.35万人，占全部从业人数的0.82%，仅处于全国中等水平。

表7-4 　　　　　　　2012年河南省18个地市（按行业分）
文化、体育和娱乐业城镇单位就业人员数（年底数）　单位：万人

地区	城镇就业人口合计	文体娱乐单位数	文化、体育和娱乐业就业人数	占全部就业人口（%）
郑州市	271.8	985	3.18	1.17
开封市	61.84	586	0.83	1.34
洛阳市	118.67	601	0.80	0.67
平顶山市	69.94	530	0.89	1.27
安阳市	75.93	319	0.45	0.59
鹤壁市	27.88	106	0.16	0.57
新乡市	70.09	161	0.37	0.53

地区	城镇就业 人口合计	文体娱乐 单位数	文化、体育和 娱乐业就业人数	占全部 就业人口（%）
焦作市	86.75	244	0.34	0.39
濮阳市	50.55	274	0.30	0.59
许昌市	107.73	459	0.65	0.60
漯河市	34.15	53	0.13	0.38
三门峡市	40.43	344	0.32	0.79
南阳市	136.08	631	0.77	0.57
商丘市	74.99	109	0.24	0.32
信阳市	81.11	290	0.47	0.58
周口市	100.75	346	0.54	0.54
驻马店市	93.05	516	0.81	0.87
济源市	18.74	96	0.1	0.53
各省直管县	95.27	452	0.37	0.39

五　策略组合与甄别选择

在研究区域经济发展时，可以借助 SWOT 方法对区域产业状况进行分析，从而制定出使区域优势、劣势与外部环境机遇、威胁相适应的区域经济发展战略。SWOT 分析法一般可形成四种战略组合，即 SO、WO、ST、WT 战略。SO 战略即依靠本身的内部优势去抓住外部机会，WO 战略即利用外部机会并改进内部弱点，ST 战略即利用区域优势以避免或减轻外部威胁的打击，WT 战略即直接克服内部弱点并避免外部威胁。

根据上面对河南文化资源开发的 SWOT 分析，首先，河南应充分利用区位和交通优势、文化和自然资源优势以及产业基础和市场优势，促进文化产业结构升级和增长方式的转变，努力使本省服务业从劳动密集型向技术和资金密集型转变。其次，河南努力打造文化强省，文化产业的发展已初具规模，客观上要求文化产业，尤其是河南文化资源在经济的持续增长中发挥更大的作用。克服存在思想观念落后、资金投入紧缺、产业结构不合理、品牌与创意不足等问题。河南应利用自身优势，不断提高传统文化资源的竞争力，增强自身抵御风险的能力。此外，在充分抓住政策、产业结构调整、交通发展和对外开放等机遇，发挥外部优势的同时，更重要的是不断克服自身弱点，勇于迎接挑战，变挑战为机遇，增强经济核心竞争力。

第三节　河南省文化产业发展的问题

经营性文化产业的发展，不同于公益性文化事业的做法，它是按照工业标准，生产和再生产文化产品和文化服务的行业。河南文化产业发展虽然有着极为美好的前景，但是，长期以来由于我们是在计划经济背景下从事文化工作的，因此在观念、体制、机制上还存在着很大的差距，河南省的文化发展还不适应社会主义市场经济的体制，还不适应对外文化交流和对外文化贸易的新形势。

一　制约河南文化产业发展的根源性问题

由于河南文化产业的发展，起步晚，基础差，困难大，障碍多，特别是在文化产业的起步阶段。制约河南文化产业发展的根源性问题，集中表现在以下四个方面。

（一）思想观念落后

思想决定行为，要发展文化产业，首先必须解放思想，破除束缚人们头脑的旧观念，以新的理念、新的创意、新的思维方式从事文化产业的规划、组织和生产。河南发展文化产业的观念，同沿海发达地区相比，有很大的差距：一方面是传统文化观念严重。河南的传统文化主要是一种农业文化，缺乏与现代经济的关联性；另一方面是计划经济的文化观念太强。对文化进行"市场化运作"的能力差，文化资源闲置与浪费严重。这种观念难以适应社会主义市场经济的新形势，自然就出现了捧着"金饭碗"要饭吃的现象。

（二）体制性障碍问题

解放和发展文化生产力，根本出路在于深化文化体制改革。河南文化的行业壁垒、地区壁垒较为严重，文化资源被文化、旅游、新闻出版、广播电视等部门分割使用，没有有效整合，文化就像地下的石油分布在各岩层之中，如果不能采取合成技术将之汇集到一起，就很难形成合力，形成规模，难以实现文化资源的"裂变"和"聚变"。

（三）人才匮乏问题

文化产业是高新科技和文化资源相结合的产业，在发展的进程中，集中体现了先进的生产力要求和先进文化发展方向的统一，是一个特别需要高素质人才的领域。河南省优秀的文化经营管理人才匮乏，已经成为制约河南省文化产业向规模化、高层次发展的关键因素。当前，严重缺乏高端人才和领军人物。

（四）文化市场发展的"不规范"问题

文化市场的发展水平和发展程度不高，文化市场不够规范，使河南省文化产业难以在一个成熟的市场上自然生长，其"交易成本"过大。因此，发展文化产业，就必须着力解决文化市场中交易规则不健全、行为不规范、非法经营和盗版盗印，以及部门权力外延化、部门利益正当化等问题。因为，只有努力培育和规范文化市场，建立健全统一开放、竞争有序的文化市场体系，才能实现河南文化产业的大发展。

二 文化旅游产业发展中遇到的问题

在不同的文化产业中，也存在许多具体的问题，以在文化旅游的产业中遇到的问题为例，主要表现在以下几个方面。

（一）满足于现状，可持续开发利用的文化旅游资源不多

对外开放 20 年来，河南旅游景观仍然是"古（古文化）河（黄河）拳（太极拳、少林武术）根（寻根觅祖）花（洛阳牡丹）"，旅游项目单调，处于粗放型的单一观光型的旅游阶段，对深层次的文化资源开发较少。真正的文化旅游，游客必须通过双向参与才能真正领略文化的内涵，也才能真正地吸引旅游者。河南有着丰富的自然景观和独特的人文景观，但完全开发利用的较少。如何进一步发掘其文化内涵和价值，大有文章可做。

（二）在旅游景点项目的规划上，文化旅游资源开发的深度不够

河南旅游业作为优势产业，已列入加速发展的行列。在修复完善的基础上又开发兴建了一批新的旅游景点和景区，如反映华夏六千年文化的郑州黄河大观、洛阳河洛影视文化村、开封"清明上河园"、中牟官渡古战场、郑州中原影视文化中心等。这些景点景区的营运情况却大不相同。有的游人络绎不绝，有的却门可罗雀。为何差别如此之大？因为有的景观，只有模仿，没有特色，而特色是吸引游人最主要的东西。游人在此处可以看见的东西，在别处也看得到，又何必千里迢迢来河南看呢？

（三）旅游业发展的各项配套建设不到位

河南在旅游基础设施建设上做得很不够，缺乏科学规划和深度开发，表现在以下几个方面：一是许多旅游景点景区可供游客参观，但游览娱乐的项目单调，游客称之为"白天看庙，晚上睡觉"。二是游客活动范围小，不能有效疏散客流。如洛阳牡丹花会期间人满为患，接待人数远远超过环境的资源容量，外来的车辆进不去，市内的车辆出不来，这就影响了旅游气氛。三是一些旅游区建设不好，旅游购物摊点与景点连在一起，给人一种杂乱的感觉。

（四）宣传和促销力度不够

重视旅游宣传是旅游业赖以生存发展的重要手段。但河南在这方面做得还不够，对发展文化旅游的定位和宣传没能全面地规划和展开，总的表现是手段老化、主动性小、灵活性差、促销点分散。这使不少国内外游客对河南旅游的形象感知比较模糊。

河南的历史文化资源有许多堪称是"中国之最"或"中华一绝"。这些资源价值高，文化内涵丰富。但由于宣传力度不够，不被人所知。如古代思想家老子、科学家张衡、诗圣杜甫被列入世界文化名人，在世界各地享有很高的声誉。他们既是河南人，又在河南留下了宝贵的遗迹。如鹿邑的老子故里、太清宫、老君台；巩义的杜甫故里、杜甫墓；南阳的张衡墓等，这些都是非常具有开发潜力的景点，然而由于观念的落后，缺乏宣传开发力度，忽视对文物的保护和发掘文化遗产的深厚内涵，不对重要的文物景点进行很好的"包装"，至今仍没有形成自己的特色。以老子故里为例，文献记载和文物考古资料均确凿无疑地证明是在河南鹿邑，然而由于我们没有给予足够的重视，缺乏主动性，竟然在一场所谓的名人争夺战中一度输给了安徽的涡阳，倒是涡阳引来了巨额的投资和大批的游客。虽然在鹿邑、涡阳之争中我们最终取得了胜利，但所失去的发展机遇是永远无法追回的。所以，在对历史文化资源的开发中，忽视宣传的作用也是吃大亏的。

第八章　河南古都文化发展概况

　　河南是个文物大省，是中华文明的摇篮、文化的中心，悠久的历史积淀了丰厚的历史文化资源。在中原这块古老的土地上，几千年来曾造就了众多中国历史文化名城，仅名列中国八大古都中，就有洛阳、开封、安阳和郑州四个城市。可见河南悠久、厚重的古都文化在河南文化发展历程中留下了浓重的一笔，是现代文化产业重点开发的一部分。

　　对河南古都文化进行系统、深入的研究对于发展河南文化产业具有重要的意义。本章将重点介绍河南古都文化的分类及其核心内涵，针对地域和时期两个方面对河南古都文化进行阐述，并针对其存在的问题提出具体的解决对策。

第一节　河南古都类型及文化核心

一　河南古都类型

　　洛阳，人称"九朝古都"，近年来，有专家考证，从中国历史上第一个王朝——夏朝开始，曾先后有 13 个朝代在洛阳建过都，历时 1500 余年，因此，洛阳是中国建都历时最长，朝代最多的历史文化名城。开封，人称"七朝古都"，北宋称东京，是当时世界上最繁华的大都市。盛极一时的安阳，又称"殷都"，是中国既有文字可据，又经考古证实的商代都城"殷"的所在地，在殷墟发现的甲骨文，更使安阳闻名于世。可以这么说，河南境内已明确的各类文物仅国家级重点文物保护单位就达几百处之多，在全国各省市中居第二位。其中，还有省级重点文物保护单位、市县级重点文物保护单位、世界文化遗产等。特别是河南人文荟萃，造就了灿若星辰的历史文化名人，像黄帝、伏羲、老子、李白、杜甫、李商隐、岳飞这些名人志士都在河南留下了不朽的业绩，为中华民族做出了突出的贡献，在中华文明史上写下了光辉的篇章，因此他们在中国古代历史文化中具有举足轻重的地位。他们的精神以及他们留下的大量的遗迹、遗物等，是十分宝贵的文化资源。

河南的古都类型多种多样，既有全国统一、国力强盛时期的大古都如洛阳；有南北对峙、分土而治时期的大古都，如开封；有国家分裂、封建割据时期的古都，如邺城；又有夏商周三代的古都，如新密、郑州；又有同一朝代多次迁移的古都，如商之郑州、安阳、偃师等。

二　河南古都文化核心

古都是特殊的历史城市，其特殊性就在于它是"都"。都者，"有宗庙先君之主"之邑也，而无宗庙先君之主者，则曰邑。可见，古代都与邑（即一般城市）的区分十分明晰。所以，凡是古都，都有为君为王者的宗庙（太庙），内中供奉着先君先王之主，因为都城是君王起居和理政的地方。因此古都文化，包括从都城的选址到规划设计，从帝王宫殿到城墙城门，从衙署布局到街巷道路，从都城秩序到休闲生活等，无不深深地打上"皇家"烙印。所以说，皇家文化是古都文化的核心内涵。

第二节　河南古都地域文化与时期文化

一　河南古都地域文化

任何一个城市都对其周围地域产生一定范围内的吸引力和辐射力。或者说，是在一定的地域范围内产生辐辏效应和辐射效应。国都，无论大小，作为一个时期的国家政治和行政中心，对其周围地域产生的吸引力（辐辏效应）和辐射力（辐射效应），都比一般城市来得更为强劲，因为至少在政治上和行政上，国都与相应的国土间存在着互动关系，政令由国都（中央）下布到地方，政情则由地方上达到国都（中央）。所谓安邦治国正是依赖国都与国土（即中央与地方）间的这种互动关系来实现的。河南无论什么样的古都，都是一定时间内和一定国土内的政治和行政中心，成为一定地域内人才荟萃之地和历史文化的首善之区。因此，古都必然是地域文化的集中代表。汉、唐天下一统的盛世，洛阳与开封无疑成为河南历史文化的首善之区。他们的都城也同样是他们国土上历史文化的荟萃之地。

二 河南古都时期文化

河南的古都，有些是多个朝代的定鼎处，如洛阳，先后有 13 个政权建都于此，为都时间累计达 1500 余年。开封，先后有 7 个政权建都于此，为都时间累计达 366 年。安阳先后有 6 个政权建都于此，为都时间累计达 351 年等。这些为都时间长、成就多个大小王朝的古都，其历史文化尤为厚重和丰富多彩。这是由于其历史文化是经过长期的层积沉淀和传承融合而形成的。

洛阳、开封、安阳、郑州这四大古都，其历史文化价值之高、影响之大，举世皆知，尤以洛阳为最。古都文化基本是中国封建社会的传统文化，是儒学在帝王都城建设上的体现。从这一角度来看，河南古都历史文化的价值之高和影响之大，居中国所有古都之上。更为重要的是，中原文化在整个中华文明体系中具有发端和母体的地位。"盘古开天"、"女娲造人"、"三皇五帝"、"河图洛书"等神话传说和夏、商、周三代均发端于河南，作为东方文明轴心时代标志的儒道墨法等诸子思想也生成于河南。

其次河南是古都文化的综合，是中华历史文化的缩影。我国古都多多，遍布神州大地，每一个古都又是一定国土内的历史文化的集中代表。但是，如果将我国的古都综合起来，视为一个整体，那么，河南的古都文化就是中华历史文化的缩影。这就是我国古都文化的整体价值所在。总之，河南的古都大大小小、形形色色，散布在中原大地上，组合成立体的、丰富多彩的古都文化。

第三节　发展古都文化的意义

河南作为文化资源大省，发展古都文化具有绝对的优势，在我国绵延悠长的历史发展进程中，曾先后有 220 多座古代都城广泛分布在中华大地上，其中的绝大部分地处黄河流域，是远古人类繁衍生息的地方。这 220 多座古都也都是位于山河形势之地。例如，洛阳居天下之中，有邙山为屏，伊洛为带；开封扼河汴枢要之区，古为水陆都会；安阳西有太行耸峙，东向华北平原；郑州西凭嵩山，北近黄河。它们以各具之自然风光与其古都风貌浑然结合一体，也使这些古都所在地区的自然旅游资源与人文旅游资源相映生辉，互增光彩，更添魅力。

古都文化就是在历史长河中积淀出来的宝贵财富，它不仅反映了当时中国文化所包含的丰富内容，而且在一定程度上也折射出世界文化的发展水平。古都文化有如此丰富的内涵，当然在现代旅游中也有重要的作用。因为在可持续利用的资源中，文化资源是最高层次也是最具开发价值的资源，河南文化与旅游的依存度很高，关联度很强，带动力也很大。所以，文化旅游的产业化，可以使河南丰富的地域文化优势转化为区域经济优势，拉动经济增长。同时，河南大量的遗迹、遗物等，也是十分宝贵的文化资源，可以鉴史、可以育人、可以兴业，在经济建设、社会发展和实现中原崛起的过程中，其现实意义是非常重大的。

大力推进古都旅游，除对河南旅游业的发展具有战略意义外，还对河南当前社会发展具有多方面的积极作用。首先，通过大力推进古都旅游，可以促进古都所在城市或地区进一步开展古都历史文化的深入研究，这对弘扬中华文化精髓，提升广大群众的文化修养与道德情操具有积极的作用。其次，通过大力推进古都旅游，可以促进古都所在城市或地区政府进一步做好与古都有关的遗址、文物的保护和管理工作。在城市规划与建设中更好地保持古都风貌，彰显城市的古都特色，避免当前城市或城市社区规划、建设中盲目西化或世俗化的低俗风潮以及出现千城一面的弊病。最后，通过大力推进古都旅游，可以促使古都所在城市或地区调整产业结构，做好生态与环境保护，改善交通设施，提升服务行业工作水平，这对促进区域经济协调持续发展与构建和谐社会也具有积极的作用。

中原文化发展到现在已经有几千年了，几千年来，中原文化作为中华文化的重要源头和基本核心，对于构建中华文化的主体，推动中华文化的发展，做出了重大贡献。今天，我们谈弘扬中原文化，就是要继承和发扬中原文化的优秀传统，为河南的全面发展和伟大复兴而努力奋斗。

第四节　河南古都文化发展中存在的问题

一　古都城市难以凸显帝都文化特色

无论是九朝古都洛阳，还是七朝古都开封，旅游者已经很难清晰地感受到当年的古都风韵。由于地处中原的古都城市保护相对困难，每个古都城市的朝代更迭频繁，自然的洗涤与人为的破坏较多，使古都城市的地上历史遗存较少。九朝古都洛阳曾经是夏、商、西周、东周、东汉、曹魏、西晋、北魏、隋、唐、后梁、后唐、后晋十三朝之都，建都时间长达1500 余年。开封历史上，战国时期的魏国，五代时期的后梁、后晋、后汉、后周以及后来的北宋和金等 7 个朝代在这里建都。开封最兴盛的时期是北宋年间，但留给古都地面上的文化景观不多，因此，作为古都旅游开发存在一定的难度。

古都文化资源在河南的古都城市中表现得并不明晰，形成的"古"都城在大众心目中的感知形象较为固定。比如，大众对安阳感知——殷商古都和甲骨文，洛阳——九朝古都。然而大众心目中的感知形象并不能完全反映古都的整体形象，河南古都城市也因没有对古都城市的整体风貌保护和开发，以致在整个旅游市场中的地位尤显微弱。对古都城市文化价值的认识局限也给古都的文化产业发展带来一定的难度，因此，旅游开发者应注意凸显古都城市的特色，充分认识古都城市的文化资源，使古都城市保持古城整体风貌，通过彰显古都文化，吸引更多的旅游者体验古都风韵的魅力。

二　古都城市之间的联合较少

河南古都城市之间横向联合较少，使古都旅游资源被消费者作为一条旅游主线的选择较少，没有形成中原古都旅游中心地。围绕古都整合旅游资源和整合旅游市场加强河南古都城市间的横向联系，培育旅游中心地将是目前与未来的一个关键问题。我们要发挥河南历史悠久，交通便利之优势，扩大旅游市场份额，增加城市经济收入，逐步将古都发展成为旅游业发达的旅游集散地和消费中心。

三　古都旅游资源的保护不尽如人意

古都文化的稀缺性使它面临严重的"存在脆弱性"。古都文化遗存景观都是经历了长期的历史洗礼幸存至今，几乎所有遗存都"弱不禁风"、"不堪一击"。所以，对古都旅游资源的保护尤其显得重要。国务院在公布历史文化名城的文件中指出"今后的建设既要考虑如何有利于逐步实现城市的现代化，又必须充分考虑如何保存和发扬其固有历史文化特点，力求把两者结合起来"。针对开封、洛阳、安阳、郑州以及河南其他古都城市中的古都文化资源如何保护和发展的问题，指出既在旧城中根据各自的情况允许发展一定的商业中心区，又要保护古都遗存。这需要充分考虑现代城市的发展和古都资源有机结合，合理保护与开发，使得两者和谐与共，将是对古都文化资源保护模式提出更高的要求。

四　古都城市缺乏具有自身特色的旅游产品

河南古都城市虽然具有资源优势，但古都文化旅游产品尚待开发。首先，古都城市除拥有资源禀赋丰富的地下文物之外，可以展示给旅游者的旅游产品有限，品位不高。到目前为止，古都开封仅有一家国家 5A 级旅游景区。洛阳的河图洛书、龙门石窟、白马寺、牡丹花，沧桑与厚重、灵秀与妩媚，但洛阳这扇古都之门背后蕴藏着的丰富历史沉淀，如今的人们却并未赋予它古都的真正风华。安阳虽然是中国商代晚期的都城所在地，历经八代十二王 255 年，距今已有 3300 多年的历史，是中国历史上有文献可考并为甲骨文和考古发掘所证实的中国最早的古代都城，因为建都朝代久远，古都旅游资源的开发显得力不从心，知名的旅游产品较少。并且，河南其他的古都城市郑州、商丘、南阳、许昌也同样存在这样的问题。

五　明确将"古都"作为旅游名片的微乎其微

古都作为一种文明的象征，是一种历史的地位，也是一种独特的城市名片。河南古都城市在旅游开发中，对于古都城市资源的定位就不十分明确。大部分城市没有将"古都"这一具有明显竞争力的文化资源作为其城市和旅游的主形象和显形象。例如，九朝古都洛阳的城市定位，并没有体现古都的真正价值，而是以"中国历史文化名城，国际文化旅游城市，中原城市群副中心，全国重要的新型工业市"作为自己的定位。七朝古都开封则定位于"中国历史文化名城，国际文化旅游城市，中原城市群纺织、食品、化工和医药工业基地"。安阳现在还没有比较明确的城市定位，但在努力建设的只是"豫北区域性中心城市"。作为中国"八大古都"的新晋者郑州，目前则以"中国历史文化名城、国际文化旅游城市，全国重要的现代物流中心，区域性金融中心"而自居，也同样面临着城市的定位问题。此外还有商丘、南阳、许昌等古都城市的定位也不十分明确。

第五节　发展古都文化的策略

一　树立以文化为核心的古都发展之路

文化是旅游的灵魂，是驱动旅游者的真正动力。为了充分发挥河南古都文化旅游的作用，必须对其古都文化内涵充分认识和挖掘，树立文化品牌战略，彰显河南古都形象，全方位营造河南帝都文化景观。综观河南文化资源，从公元前 21 世纪中国第一个奴隶制社会夏王朝的建立到封建社会鼎盛时期的北宋王朝，中国就形成了以洛阳、开封、安阳和郑州四大古都为中心，以炎黄文化、黄河文化、河洛文化、殷商文化、汉唐宋文化为标志的中原文化精华荟萃之地。灿烂的文明给河南带来了十分丰富的古都文化资源，今天解读这些中原文化，我们不难看出中原文化对中华文明以及中国经济的发展所起到的认识、引领、推动、支撑和凝聚的作用。

河南发展旅游必须借助于自己的优势，树立以文化为核心的古都发展之路。近年来，郑州作为河南省的省会，深知文化对于城市发展的重要性，在积极发展经济的同时，努力发展旅游文化事业并成功地挤进了中国八大古都之列。可见，文化对一个城市的发展有多么大的重要性。

二 四大古都联合打造中原古都群

（一）进行区域旅游协同发展的依据与意义

中原经济区的区域合作从 1985 年举办首届市长年会开始，已经走过了 30 年的风雨历程。中原协作区各成员的旅游合作从最初的相互交流学习到互送团队、相互宣传，达到了客源共享、信息共享、资源共享、互惠互利、共同发展，实现"双赢"的目的。各成员单位广泛开展交流，不断发掘合作的结合点。坚持互惠互利、共同发展，注重打中原牌、唱中原戏，形成了浓厚的发展氛围。目前，河南经济区内有中国优秀旅游城市 27 个，国家历史文化名城 8 个，国家 5A 级景区 13 个，其他旅游景区数百个，文化资源十分丰富。同时，河南经济区处于晋冀鲁豫接壤区，承东启西，连南接北，四大古都其中三个处在陇海线上，这为旅游资源的大联合提供了明显的区位优势。河南城市群旅游一体化对河南的发展具有重大的意义。首先有利于提升第三产业的比重，促进了中原城市群产业结构调整和优化。与长三角、珠三角城市群相比，当前中原城市群第一、第二产业比重较大，第三产业比重相对较低，产业结构不合理。中原城市群通过旅游一体化的发展，能大大促进第三产业的发展，使第三产业的比重增加，从而使产业结构得以调整和优化，达到中原城市群 2020 年产业结构比优化到 5：47：48 的发展目标。其次，有利于提高中原城市群的旅游竞争力，中原城市群中的郑、汴、洛，旅游竞合关系不明显，旅游业发展不平衡且规模化、产业化程度低，整体旅游竞争力较弱。打破各城市间旅游发展的障碍，形成一个产品、要素、劳动力及资本自由流动的统一区域，有利于提高中原城市群的旅游竞争力，缩小与长三角、珠三角城市群旅游业发展的差距。最后，有利于带动河南旅游乃至中部地区旅游的腾飞。中原城市群是河南社会经济发展条件最为优越、发展基础最好的区域，加以正确引导，它将成为中部崛起的重要支撑。应不失时机地发展中原城市群的旅游业，把中原城市群建设成中部地区最大的旅游目的地和客源地，从而带动河南旅游业乃至中部地区旅游业的腾飞。

（二）加强河南城市群建设与文化旅游发展

河南城市群内旅游资源相连、人文相通，但由于条块分割，开发呈现出先入为主的现象，甚至有些毗邻区域为了争夺旅游资源、客源市场，恶性竞争激烈。为此，只有通过建立合理的综合开发共享旅游资源的旅游收益分配模式，才能把区域内旅游资源优势更好地转化为区域经济效益，才能避免对旅游资源进行掠夺式的开发，从根本上实现旅游资源的可持续发展，从而实现旅游收益多方"共赢"的目的。

（三）河南区域旅游合作的动力机制、开发行为模式

中国区域旅游合作发展目前呈现出明显的区域差异，中部地区旅游合作发展水平明显地落后于东部。由于西部地区区域内旅游资源禀赋的高度互补性决定了西部地区旅游合作具有长足的发展潜力和巨大的成长空间，通过加强区域旅游合作来协调和统筹区域旅游发展，是西部地区构建旅游特色产业经济的重要途径。所以，中部文化旅游资源的雷同性决定了其旅游合作不能像西部一样具有优势。因此，合作是市场经济条件下和竞争并存的推动社会经济发展的一种动力机制，河南区域旅游合作要靠对区域线性分布的旅游精品项目的共建与打造来推动，使旅游精品项目成为整合区域旅游资源的有效载体和最佳平台。通过资源共享与品牌共建可以将资源雷同的劣势转化为产品优势与产业优势。

从当前国内外主要旅游城市文化旅游开发的情况来看，文化旅游的开发模式主要有六种模式。①整合提升型开发模式；②复原历史型开发模式；③原地浓缩型开发模式；④直接利用型开发模式；⑤主题附会型开发模式；⑥短期表现型开发模式。

根据河南旅游文化资源的现状，河南文化旅游开发可以采取以下模式：

1. 直接利用型——精品开发模式

河南文化旅游资源中，遗址、遗物类有 7 个亚类，资源特色十分明

显，品位高，且它的不可替代度高，是国际上公认的优秀旅游资源；形成精品旅游景区，构成河南文化旅游体系中的尖端产品。

2. 整合提升型——背景开发模式

河南文化旅游资源的开发，其开发特点和现状是高级别的开发较好，低级别的开发较差，市区的开发较好，郊区县的开发较差；如郊区县的史前人类活动遗址、历史事件发生地、古建筑等都基本没有进行很好的开发。对于这类型旅游资源开发利用很难形成规模和精品效应，但是可整合提升形成区域文化旅游的文化背景性景观群体，烘托旅游区的文化空间氛围。

3. 短期表现型——时效开发模式

古都文化与部分具有特殊时段纪念意义的历史事件和古迹都可采用这种模式，形成具有一定时效性的旅游事件，构成区域文化旅游活动的时间多样性。

4. 原地浓缩——复原历史型开发模式

历史遗存毕竟是历史文化的时空凝聚，不宜对其盲目大规模复原和"遍地开花"开发，应根据其资源基础和条件，采用重点开发的模式，原地浓缩——复原历史型开发模式更符合实际需要。

5. 主题附会型开发模式

单纯的文化遗存的复原和景观单体的开发并不能更深刻体现文化内涵。可对重点景区和具有重要历史纪念价值的空间单元进行主题附会型开发。例如，对河南汉、唐、宋朝文化的开发，可通过对不同历史时期重要文化遗存的重点开发形成系列历史文化景区，构成城市文化演变主线与文脉展示实体。

（四）根据河南古都的层次、类型与分布，设计出古都旅游路线

针对不同空间尺度市场开发产品。与其他省份相比较，河南最具吸引力的旅游资源还在于文物古迹和民俗民情两方面，但后者的优势不大。对于小尺度的旅游市场，应该尝试开发与古都形象资源相融合的特色鲜明、娱乐性强的旅游。必须以河南传统文化为灵魂、为主线，构筑河南文化旅游黄金线路。黄金旅游线不仅能形成大量游客的集聚，而且还代表了地区的旅游形象，使游客有口皆碑。而且在游览内容安排上，应该实施"以大带小、以强带弱"策略，根据景点空间上的邻近性，合理组合景点类型，推出河南文化景点一日游项目，做到观赏性和参与性相结合。同时，

根据河南古都数量多、分布广、历史文化品位高等特点，按照古都的层次、类型与区域分布状况，设计出这些古都旅游路线，但这些旅游路线是黄金旅游线路必须突出两个重点：①历史时期文化演变的时间线路。例如河南形成商朝—周朝—汉朝—唐朝—宋朝的时间序列旅游线路。②文化景观的空间聚集线路。主要是借助于沿省景区的空间分布与文化相对同一性构筑线路。

1. 八大古都游

八大古都指北京、西安、洛阳、开封、安阳、郑州、南京、杭州。这是我国层次最高的八座古都。通过对这八座古都的参观浏览，就可对我国整个历史与都城变迁发展史获得直观生动的认识。

2. 中原古都游

这一地区主要有安阳、洛阳、开封、西安等处的古都，也包括它们周围的新郑、邯郸、曲阜、淄博、凤翔、夏县、侯马等处古都。这些古都地处我国中原大地，是华夏文化的主要发源地。通过对这一地区古都的考察浏览，可对华夏文化的发展渊源及特点获得深刻的印象。

3. 黄河沿线古都游

主要包括开封、郑州、洛阳、西安、呼和浩特、银川、兰州、临夏、西宁等处的古都。强调出古代黄河文化是中华主体文化。黄河文化在中华古代文明不断从多元走向一体化的发展过程中具有主体地位，发挥了领导作用，黄河沿线古都游除可使游人饱览黄河下、中、上游山河风光外，还可对以华夏文化为主体，不断吸收其他民族的文化的优点而形成的中华文化取得全面而鲜明的认识。

4. 赏花游

"洛阳牡丹甲天下"和"武则天贬牡丹"的故事已被传扬多年。而今洛阳每年的 4 月中下旬都要举办盛大的牡丹花会，满城牡丹竞放，观者如潮。至今，已举办过33届，共接待中外宾客数千万人次，经济合同成交额数百亿元。牡丹之于洛阳，有着重要的文化意义和经济意义。古都开封菊史悠久，远在唐代就有一诗人刘禹锡作过"家家菊尽黄"的描述，至北宋、明清，开封养菊、赏菊之风盛行不衰，现在每逢金秋都要举办菊花花会。

5. 进一步强化"三点一线"重点区的精品意识

"三点一线"旅游区是河南旅游建设的重点，它囊括了河南旅游资源的精华，体现了旅游资源的"古（古文化）、黄（黄河）、拳（少林拳和太极拳）、根（寻根朝觐）、花（牡丹和菊花）"等特色，在国内具有较大的影响。因此，要以"黄河之旅"为主线，以龙门石窟、少林寺、宋都景区、小浪底水库景区等为重点，集中资金，采取扶持政策，加快开发建设步伐，使其成为河南旅游产业的龙头。同时，要提高景区的文化品位，深刻挖掘文化内涵，开发与人文背景相关的参与性旅游项目。目前河南正在加紧建立一个以三门峡—洛阳—郑州—开封—商丘这一东西轴线为重点景区的中原文化旅游网。这一网线的联结，使文物遗迹突破了一个个独立的死框框，形成一个联则成线成串、散则各文物与旅游成群组，蕴含着巨大能量的网。有了这个网，便可向世人充分展现河南历史文化的博大精深，便可吸引天下游客。

三 保护古都资源展现古都风貌

没有文化的城市是一个没有灵魂和内涵的城市，没有文化的城市是一个没有个性和活力的城市。尤其是在知识经济大发展的 21 世纪，一个城市是否有吸引力和竞争力，最重要的是看它的文化资源、文化氛围和文化发展水平。城市以文化论输赢，已经成为扣人心弦的时代强音。正是由于古都城市中不同历史背景文化之间的相互渗透、融合，再经过历史的锤炼，才形成了各自的古都风貌特色。我们要有效地保护，合理利用古都现有的文化资源，来展现古都城市的风貌，而作为城市文明象征的城市符号、城市格局与建筑则是体现古都文化最好的载体，要注意在古都城市中保护。目前，古都开封已经注意到了这个问题，政府花十几个亿正在加强古城墙的保护与开发。

四 古都城市旅游产品的开发与创新

针对古都文化旅游资源，旅游者已不仅仅满足静态的欣赏和学习，而希望通过视觉、味觉、嗅觉、听觉等全方位的参与或体验，充分理解其蕴含的文化内涵和特色。作为河南的古都旅游资源更需要将古都中无形的历史文化资源转化为有形的旅游产品推向市场，譬如，开发出一些表演性和参与性相结合的旅游项目和文化活动，将古都历史文化内涵变为易识别、易感受、易参与的体验性旅游产品。例如，洛阳的"五都荟洛"，我们可以通过一些展览、一些文艺表演、情景再现等形式表现古都文化逸风。开封则可以进行以古都为文化品牌的宣传，在宋文化原有旅游产品上进行创新，将开封的古都风味演绎得更为真切，也可以利用文化符号强化古都风韵。安阳的古都旅游资源产品也要以殷商文化为主线来开展等。即将这些古都文化资源加以创新，转化为更为直观的、易解释、易感受的旅游产品。可以这么说，到目前为止，在这方面的开发与创新，开封走在了前列，"清明上河园"的成功开发就是一个典型案例。

五　大力进行以古都为文化品牌的宣传

推动和发展古都文化旅游就要注重古都文化的保护和旅游地的宣传，向旅游者提供高质量的旅游软硬件环境，提升河南古都文化品牌，促进对特殊环境和文化的认同和善待，这样才能够有利于古都文化旅游和谐发展，使河南成为一个名副其实的文化旅游资源大省和强省。同时挖掘文化价值，重塑景点文化品牌形象，也是旅游宣传和营销的可持续发展必由之路。宣传工作不仅要持续，而且要形成规模，力求把河南旅游的优势展现在人们面前。如拍摄一部展示河南历史文化的宣传片，推出专项旅游活动或者组建一支专门的宣传促销队伍。在对外进行宣传的时候，河南旅游的品牌可以以"东方文化的摇篮，中国旅游胜地"为核心内容和标志性主题，用"中国历史文化的缩影、华夏文化六千年的风采"等渲染性品牌用语，使古都文化成为河南旅游的鲜明特征。然而，占据众多旅游资源的四大古都在宣传方面做得并不到位，借鉴省内外经验，焦作旅游宣传模式不失为是它们的学习榜样。

第九章　河南工业遗产旅游发展概况

　　河南省地处中原，自夏至宋的 3000 多年间，多作为中国政治、军事、经济、文化和科技中心，为古代工业的发展提供了物质条件和政治、经济基础。在近现代也涌现出了一大批工业遗产。工业遗产不仅具有一定的历史研究价值，而且对技术进步、建筑发展甚至社会进步都具有一定的贡献。

　　这些工业遗产属于河南省文化产业的重要内容，对河南文化产业的发展有着至关重要的作用。本章将从河南省工业遗产旅游的发展视角出发，探讨河南工业遗产旅游的价值和出现的问题，并提出了具体的解决方法策略。

第一节　工业遗产旅游简介

一　工业遗产的概念

　　工业遗产（Industrial heritages）属文化遗产的一部分，而文化遗产主要包括历史纪念物、考古遗址和建筑群三类。工业遗产往往三者兼而有之，即具有历史价值、技术价值、社会意义、建筑或科研价值的工业文化遗存。国际工业遗产保护协会（TICCIH）于 2003 年通过的旨在保护工业遗产的《卡塔吉尔宪章》对工业遗产的界定是：具有历史价值、技术价值、社会意义、建筑或科研价值的工业文化遗存，包括建筑物和机械、车间、磨坊、工厂、矿山以及相关的加工提炼场地、仓库和店铺，生产、传输和使用能源的场所、交通基础设施。除此之外，还有与工业生产相关的其他社会活动场所，如住房供给、宗教崇拜或者教育。而联合国教科文组织（UNESCO）2003 年对工业遗产的界定是：工业遗产不仅包括磨坊和工厂，而且包含由新技术带来的社会效益与工程意义上的成就，如工业市镇、运河、铁路、桥梁以及运输和动力工程的其他物质载体。我国的工业遗产有狭义和广义之分。狭义的工业遗产指的是鸦片战争以来中国各阶段的近现代工业建筑，它们构成了工业遗产的主体；广义的工业遗产指的是具有历史学、社会学、建筑学和科技、审美价值的工业文化遗存，包括建筑物、工厂车间、矿山、工业流程、企业档案等。

二　工业遗产的旅游价值

在旅游业高度发展的今天，游客们不再满足于各地名胜古迹的游览，而是更关注一个城市的发展、一个城市的支柱性企业的发展等，这就诞生了一个新兴的旅游项目——工业旅游，工业旅游不同于风光游、民俗游，它在满足游客好奇心和求知欲的同时，可更优化使用企业资源，创新企业获利和发展思路。目前，欧洲的工业旅游已相当红火，在德国奔驰公司，游人可以参观奔驰车的总装配线，穿上工作服，拧几个螺丝钉，还可以直接把车买走。奔驰公司的工业游直接带动了汽车销售，产生了可观的经济效益。国内的燕京啤酒、海尔集团通过工业旅游，不仅介绍了企业，提升了形象，更发展了一大批忠诚稳定的消费群体。发展工业旅游具有深远的社会效益和经济效益，它能让社会公众在参观游览中增长见识，了解企业，认同产品，同时对企业来说不仅做了广告、打造企业形象，树立企业品牌，还可以增加创收。我国发展工业旅游，不应该只看到那些正在生产和经营的工业企业，而更应重视发展工业遗产旅游。这些工业遗产见证了我国工业化进程艰辛而富有意义的历史，几代人的创业历程在这里沉淀为弥足珍贵的记忆。对于它们，我们既应持有一个尊重、保护、改造、更新、再利用的态度，更应怀着崇敬和珍惜将它们重新幻化成富于生命的音符。伴随着我国经济结构调整和发展战略转型，许多退出经营领域的工厂、矿区成了有开发潜力的工业遗址资源，这不仅包括一些大城市市区或近郊的工厂，它们原是被人们忘却的"灰色斑块"，更包括我国的许多老工业基地。工业旅游对知名企业来说只能算是"锦上添花"，而工业遗产旅游却是"雪中送炭"，因为只有这样才有可能真正帮助衰退中的老工业区在从"工业经济"到"体验经济"的转变中找到再生之路。可见，把工业遗产作为旅游资源加以开发，不但是旅游业发展的需要，同时也是那些寻找转型和再生之路的老工业区可持续发展的出路之一。旅游业作为劳动密集型服务业，创造就业的门槛比较低，提供就业机会的数量多，可以帮助下岗工人及其后代实现重新在公园中就业的梦想，这对促进当地社会的稳定与和谐、繁荣和进步，具有更广泛的意义。

更重要的是，工业遗产的利用和开发有巨大的想象空间。废弃的厂矿区遗址和建筑，相对而言创意和改造的余地较大，也不像一般工业旅游那样担心影响生产。对于大城市周边的厂区建筑，完全可以在其中注入旅游业、商业、休闲服务业、艺术、会展等概念，突出时尚、怀旧的元素，改造成迎合都市人群品位的游憩商业空间；对于那些规模宏大的工业遗址，可以改造为工业遗产主题公园，或打造工业旅游城，甚至可以作为独特的人类物质文化遗产来保护和开发。

从工业旅游到工业遗产旅游，不仅能拓展人们对旅游资源内涵的理解、丰富旅游产品体系，更能够凸显旅游业在我国经济转型和促进经济、社会和谐发展方面的良性作用，不失为我国旅游业在未来可以尝试的新思路。

第二节　河南工业遗产

一　古代工业遗产

河南古代工业遗产比较丰富，主要类型有冶铜、冶铁、瓷窑、采矿遗址等。据不完全统计，目前发现的有色金属遗址、金属器物窑藏、矿冶遗址就达 45 处，发现铁金属矿冶遗址 61 处，其他瓷窑遗址、采矿遗址也比较多，许多古城遗址中还包含手工业作坊遗址。

这些工业遗产反映了人类认识自然、利用自然的能力和当时中原地区先进的生产力和技术发展水平。如"中国四大名玉"之一的独山玉雕刻技艺精湛、精妙绝伦，驰名中外，其开发历史从新石器时代至今逾 6000 年，在中国古玉业历史中占有极其重要的地位；而冶铜历史可以上溯到距今5000 年的龙山文化时期，冶铁业起始较早又历代连续，到汉代已经形成较大的规模，特别是在巩义市铁生沟遗址中发现了中国最早的含煤、黏土、石英砂粒的黑色耐火材料，是炼炉材料的一次革命；唐三彩是驰名中外的艺术杰作，在中国目前已发现的唐三彩窑址中，以巩义市黄冶窑址发现最早、面积最大、质量最好；瓷器制造业在北宋时期达到巅峰，相继在河南发现的汝窑、钧窑、官窑等官方制瓷窑址皆名列北宋时期的五大名窑。

截至 2006 年年底，国务院和河南省人民政府先后分别通过了六批全国重点文物保护名单和四批河南省文物保护单位名单，其中，古荥镇汉代冶铁遗址、黄冶唐三彩窑址、清凉寺汝官窑遗址、钧台钧窑（钧官窑）遗址等 12 处遗址已经先后被公布为全国重点文物保护单位，张畈冶铁遗址、严和店窑址、窑沟瓷窑遗址、西周铸铜作坊遗址、申村冶铁遗址、曲河瓷窑址、二里庙瓷窑遗址、舞钢冶铁遗址群、铁生沟冶铁遗址等 21 处遗址先后被公布为河南省文物保护单位，得到不同程度的保护。特别是作为独山玉的原产地，南阳独山也遗留下来了十分丰富的矿业遗迹，特别是明、清的古采井保存尚好，是中国古代玉矿探、采技术和悠久玉文化的实物见证，在此基础上开发的独山玉矿山公园于 2005 年被国土资源部列入首批国家矿山公园。2013 年 5 月 3 日，国务院核定公布了第七批全国重点文物保护单位，包括安阳高陵（曹操墓）在内的河南省偃师 169 处文物保护单位入选。目前，河南省偃师全国重点文物保护单位已达 358 处，位居全国前列。

二　近现代工业遗产

近现代时期的河南也和全国一样，虽然饱受帝国主义和封建主义的压迫，但还是出现了资本主义的工业萌芽，出现了一些中小工厂，如许昌的泰记和合面粉厂、三泰面粉厂，郑州的光华机器厂、全盛隆弹花厂、豫中打包厂，孟县的华兴铁工厂等，但在抗战时期全部迁往陕西。最具有代表性的便是郑州豫丰纱厂、焦作英福煤矿和巩义孝义兵工厂。在计划经济时代的河南省，许多工业城市的产业为国民经济做出过巨大的贡献，诸如郑州纺织工业基地、洛阳重工业基地、焦作矿业、郑州老铁路等，由于产业结构调整和时代的发展，也保存了一大批有价值的工业遗存。

由于保护不力，河南省拥有的一大批有价值的近现代工业遗存正面临越来越大的威胁，目前仅有义马市豫庆公司煤矿旧址和焦作市英福公司旧址两处近现代工业遗产作为河南省第四批省级文物保护单位进行保护。

第三节　河南工业遗产旅游开发价值

一　艺术创意价值

现代信息的高速传播、全球化的继续推进，使区域文化传播与扩散前所未有的活跃，但同时造成区域文化特性的减弱、文化趋同性加大。个性化、创意性的旅游资源将成为旅游者的关注焦点。工业遗产旅游资源具有艺术的高度创意性，表现在两方面：包括其本身具有的创意氛围——高大宽敞的建筑结构留给旅游者无限想象的空间，以及利用形式的创意性——既可以作为旅游客体进行展示，也可以作为其他旅游资源的载体，营造特殊的环境，烘托独特的氛围。如在工业遗产建筑改造后的空间内购物，能够体会现代商品与怀旧场景形成的强烈反差。

二　传统体验价值

由于工业遗产旅游资源既包括有形资源，也包括无形资源——工艺流程，使得旅游不仅仅停留于观光的层面，在旅游中不但可以观赏传统手工业的工艺制作过程，购买手工艺品作为纪念，更可以亲自参与传统手工艺的制作，体验制作的乐趣。

三　历史感受价值

工业遗产旅游在开发的时候，注重环境、场景的整体保留与维护，不仅包括生产场所，还包含工人的住宅、使用的交通系统以及其社会生活遗址等，形成整体的景观，旅游者身在其中，可以得到整体性的历史感受，其真实性得到很好的保护。

四　发展预见价值

通过参观工业遗产旅游景点、体验工业遗产的制作工序，可以了解工业文明的历史。但现代旅游不仅仅止步于此，通过高科技的旅游展示手段，还可以展现某种工业的发展前景，从而起到发展预见作用。

五　文物保护价值

因工业遗产具有的稀缺性，因此旅游开发要贯彻保护性开发原则，企业向游客灌输工业遗产保护知识，培养游客的工业遗产保护意识。虽然目前同其他形式的文化遗产相比，国内工业遗产意识还很淡薄，工业遗产旅游几乎尚未开发，因此暂时不存在一般遗产景点出现的"容量大，游客多，破坏严重"的现象。随着全球对文化遗产的重视，对遗产的保护工作已发展到更重于文化遗产的人文精神，强调其所蕴含的民族文化价值。工业遗产作为文化遗产的一种，其集中体现的不仅仅是工业发展史中的某个转折，而且也反映出当时历经的社会变革。因此保护并不仅仅是对遗址本身的保护，更重要的是它所凝聚的文化历史意义得到传承。开展工业遗产旅游正是传承文化遗产的重要措施之一。

第四节　工业遗产旅游问题

由于长期以来对工业遗产缺乏科学认识，未将其作为文化遗产的一部分进行保护和合理再利用。谈及对工业遗产的保护，河南津津乐道的还是一批古代手工业作坊遗址，而对近现代工业和新中国成立以后的工业遗存没有给予足够的重视。

一　遗产旅游认识滞后

在中国计划经济时代，许多工业城市的产业为国民经济做出过巨大贡献，但是如何对待这些遗产，一直未纳入重视的视野。虽然河南省最近开展了一些以宣传工业遗产知识为主题的社会活动，但目前还没有摸清河南省工业遗产的家底，甚至工业遗产的概念、该将哪些东西列入工业遗产的范畴都还没有搞得十分清楚。此外，对已得到保护的河南省工业遗产的价值、内涵及文化等相关认识也有待进一步提高。

由于认识的滞后，河南省多数地方都尚未有意识地和系统地将工业遗产作为旅游资源加以开发利用，因而对它们熟视无睹，看而不见，既未加以有效保护，其巨大的旅游价值和开发潜力亦长期得不到充分挖掘，造成宝贵资源的闲置和浪费。于是，有的地方宁愿荒废旧工业区，也不愿进行旅游开发。许多优秀工业遗产既无任何说明标志，也无专人守护。游人亦因对其建筑风格、历史沿革和文化内涵不甚了解而兴趣索然。

二　建设性破坏严重

随着城市基础设施建设的展开、旧城改造力度的加大和房地产开发高潮的兴起，全国各地的老工业建筑所受到的建设性破坏相当严重，已经和正在造成无可弥补的巨大损失。此风若延续下去，则要不了多久，中国大地上的优秀老工业建筑将所剩无几。这种建设性破坏主要包括以下两种形式。

（一）对建筑物本身的破坏

由于生活方式和社会变革的周期缩短、速度加快，旧工业区逐渐衰败废置。特别是近 20 年来，神州大地大兴土木，旧城改造迅猛推进，推土机第一次在旧城区新改造中被广泛采用。那些并未作为文物指定的工业建筑、产业旧址，它们正急速地从都市空间中消失。例如，曾经先后被段祺瑞、吴佩孚、张学良、冯玉祥、蒋介石等人控制的巩义市孝义兵工厂，记录了那段军阀混战、战火纷飞的历史，但现在保存下来的只有 10 多间大铁房、1 座水塔和 2 座烟囱，其他建筑已经消失。

（二）被挪作他用者居多

河南的许多地方，许多优秀工业遗产被挪作他用，保护管理不善，且受管理体制的影响，一时难以进行旅游开发。例如，许多闲置的老厂房成为堆放杂物的仓库。另外，存在对工业遗址所处环境气氛的破坏，具体表现为在风貌保护区内随意建造高大和极不协调的建筑物。

三 旅游开发模式单一

到目前为止，几乎所有的工业遗产都是通过再利用的方式保存下来。国外工业遗产再利用方式大致有以下 3 种，即全新用途的再利用、相关用途的再利用（以主题博物馆形式为主）和公共游憩空间的再利用。而河南省工业遗产更多的是作为文物保护单位进入国家级或省级重点文物保护单位名单才得到保护，工业遗产的再利用程度较低，仅仅作为普通的文物景点对社会开放，只有部分古代工业遗址通过建立专题博物馆、建设矿山公园等形式进行旅游开发或科普宣传，保护和再利用模式相对单一。

同时，旅游开发缺乏科学的规划与设计，工业遗产旅游多集中开发休闲和观光等旅游产品，而对传统工业文化的开发重视不够。工业遗产旅游的开发过分地依赖新建工业博物馆，缺乏创意，地域工业文化特色不突出。工业遗产丰富的文化内涵和价值尚不能充分体现出来，需要进一步加强河南省工业遗产再利用方式的科学研究。

四 管理水平有待提高

由于多数开展工业遗产旅游的单位都集中在第二产业，所以尽管他们在工业领域具备专业水平，在发展旅游业方面也摸索了一些经验，但总体来说，在旅游专业化服务方面还存在着一定差距，表现在：管理上还不规范，需要尽快引入质量管理体系；从业人员素质有待改善，其专业知识和文化素质还不能适应现代旅游行业的要求等。这样都成为制约工业遗产旅游尽快发展的重要因素。

五 缺乏有效的"桥梁"

目前，工业遗产旅游产品的开发没有明确的行业规范和管理办法，使得开发过程中开发主体、政府部门、中介机构组织之间的角色分工不明，而中介机构的发育不足，又使得"桥梁"作用难以形成和发挥。

另外，由于缺乏资本、技术、品牌等"纽带"，使得工业企业、政府部门和旅游企业之间难以建立有效的联系和"联合"，导致"六要素"开发不充分，造成游客住宿、购物、娱乐、交通、餐饮方面的不便，以及逗留时间短、消费欲望不强等后果。主体之间"桥梁"与"纽带"的缺乏，也造成开发设计中流程的不连贯、不合理、可参观生产过程少、科技娱乐含量少、参与性活动少、参与性程度低等问题，使得游客体验不充分、受教育不完整，甚至损害开发企业的品牌形象，影响其主导产品的生产和销售。

第五节　河南工业遗产旅游问题的解决及开发策略

一　河南工业遗产的保护策略

在工业遗产旅游开发伊始，就应该树立保护与开发相结合的原则，在保护的基础上进行开发，利用开发促进工业遗产的保护。只有保护完整的工业遗产资源才能增加工业遗产旅游产品的价值，增加工业遗产旅游目的地的吸引力。

（一）充分认识工业遗产的价值及其保护意义

结合贯彻落实国务院关于加强文化遗产保护的通知（国发［2015］42号）的精神，按照科学发展观的要求，充分认识工业遗产的价值及其保护意义，清醒认识开展工业遗产保护的重要性和紧迫性，注重研究解决工业遗产保护面临的问题和矛盾，处理好工业遗产保护和经济建设的关系。

（二）将工业遗产保护纳入当地经济、社会发展规划和城乡建设规划

努力争取到地方各级人民政府的支持，密切配合各相关部门，将工业遗产保护纳入当地经济、社会发展规划和城乡建设规划。认真借鉴国内外有关方面开展工业遗产保护的经验，结合当地情况，加强科学研究，在编制文物保护规划时注重增加工业遗产保护内容，并将其纳入城市总体规划。密切关注当地经济发展中的工业遗产保护，主动与有关部门研究提出改进和完善城市建设工程中工业遗产保护工作的意见和措施，逐步形成完善、科学、有效的保护管理体系。

（三）制订切实可行的工业遗产保护工作计划

有步骤地开展工业遗产的调查、评估、认定、保护与利用等各项工作，摸清工业遗产底数，认定遗产价值，了解保存状况，在此基础上，有重点地开展抢救性维护工作，依据新修订的中华人民共和国文物保护法等加以有效保护，坚决制止乱拆损毁工业遗产。

（四）像重视古代的文化遗产那样重视近现代的工业文化遗存保护

建立科学、系统地界定确认机制和专家咨询体系，开展对工业遗产价值评判、保护措施、理论方法、利用手段等多方面研究，并形成具有一定水平的研究成果，从而指导工业遗产保护与利用的良性发展。

（五）加强宣传教育，提高公众对工业遗产的认识

结合工业遗产保护与保存情况，利用多种渠道，采取多种形式，开展保护工业遗产的宣传教育，提高公众对工业遗产的认识，使工业遗产保护的理念和意识深入人心；充分调动社会各界保护工业遗产的积极性，营造良好的社会保护氛围，推动我国工业遗产保护工作的顺利开展。

二 河南工业遗产旅游的开发策略

借鉴国外工业遗址旅游发展经验，结合河南工业遗产资源的实际情况，河南省在工业遗址旅游开发上要做到以下几点。

（一）科学规划旅游项目

工业遗址旅游必须树立科学的发展观，统筹区域发展，统筹近期目标和长远目标，统筹经济效益、社会效益和环境效益。开展工业遗址旅游不能一哄而上，应保持头脑清醒，根据自身的条件审时度势地进行开发。首先要综合分析河南工业遗址旅游资源，制定整体规划，对众多工业景点进行循序渐进的开发，充分发挥现有的工业基础优势，处理好发展与资源、环境、人口之间的关系。政府部门应该统筹安排，把工业遗址旅游纳入地方旅游的整体规划中去，从组织机构建设、工业遗产普查和认定、规划编制、项目开发、宣传推介等方面提出操作方案，推动工业遗址旅游取得突破性的进展。

（二）突出遗址主题特色

工业遗址旅游不同于文化遗产，关键在于突出其鲜明主题，只有充分认识和挖掘河南工业遗址旅游资源的价值及其内涵，才能开发出有特色的旅游产品。比如有重工业产区，不能因为开发工业旅游就选择建山水景观和宾馆别墅，而恰恰相反，只能选择将傻大黑粗的生产设施作为发展工业

遗址旅游的依托，比如稍加改造的煤窑小火车、拖拉机模型等都可变成市场上既叫座又叫好的旅游商品。

（三）导入游客参与理念

工业遗址旅游的实质是游客在工业场景中的一次体验活动，一次独特的经历。旅游产品的可感知性、可理解性、可参与性是体验旅游的关键所在；新鲜感、亲切感、满足感是旅游体验的最终目标；求补偿、求解脱、求刺激是旅游活动的核心驱动力，"三性、三感、三求"的有机组合构成了工业遗产体验旅游的灵魂。因此，在工业遗址旅游产品开发设计中，应该树立体验旅游观念，注重游客的体验过程，通过"三性、三感、三求"，为游客营造一次独特而有趣的工业旅游经历，使其在整个游览过程中获得感官和精神上的满足。例如，黄冶唐三彩窑址、清凉寺汝官窑遗址、钧台钧窑（钧官窑）遗址等地可以开展参观瓷器制作、亲手制作瓷器等旅游项目，在此基础上，可增设时尚的休闲娱乐项目，充分展现瓷器生产的独特魅力，满足游客的求新、求异、求乐心理，增强旅游吸引力。

（四）营造真实体验环境

发展工业遗址旅游应当遵循修旧如旧的开发原则，对可恢复的标志性遗址、遗迹，要恢复其原貌，保持其原真状态，要收集和记录历史文物、故事、事件等无形工业文化遗产，最大限度地增强工业发展历史的真实感和完整感。河南省要开发一批保留原址、原貌特征的工业遗址旅游项目，包括保留具有原貌特征的厂房，开辟能够展示工业文明、工业时代的一些博物馆、纪念馆等。为了让游客参与互动，可以开发一些情景交融的体验式的旅游项目，在尊重工业历史的前提下，工业遗址旅游产品既注重原汁原味，又注重趣味性、参与性，并将现代科技融入其中，提高工业遗址旅游的品位，使游客在观赏产品的同时，还能感受到工业的发展和现代科技的强大魅力。例如，郑州纺织工业基地、洛阳重工业基地的各企业可建立纺织博物馆、重工业博物馆，建立商业一条街、购物一条街，还可以把规模比较大的工业基地厂房改建成酒店。

（五）注入工业文化元素

旅游的灵魂是文化。文化元素的成功注入是解决工业遗址旅游现存问题大门的智慧钥匙。工业遗址旅游项目中可突出企业文化，通过渗入软性的企业文化使工业遗址旅游贴近普通百姓。在企业内增设相关文化娱乐设施，深刻挖掘企业传统文化内涵，将本土企业的文化和科技含量融入到产品的设计当中，能够使游客增加知识，丰富经验，加深体验，提升娱乐，延长游客逗留和消费时间，从而在创造文化价值的同时，创造较高的经济价值。河南省在发展自己的悠久的历史传统文化的同时，还要注重工业发展历程中的工人阶级艰苦创业行为和精神的收集、挖掘、弘扬，充分展示工业文明，发展历史与现代、怀旧与时尚完美结合的工业遗址旅游。

（六）发挥科普教育功能

较强的知识性和教育性是工业遗址旅游的另一个突出特点，这是其他许多旅游产品难以替代的。结合科教兴国的浓厚氛围和人们特别是学生对科技知识的渴求，将工业遗址旅游开发为教育性旅游产品，使工业遗址旅游产品寓教于乐，在传播知识、技能的同时避免枯燥的说教是一个重要的课题。在项目设计上，可将现场演示、模型展示、动感体验等方法有机结合起来以达到深入浅出的效果。德国鲁尔工业区的亨利钢铁厂原是一个保留了欧洲文艺复兴时期建筑与文化景观的著名历史古迹，目前已改造成为一个露天博物馆，其中设计了许多儿童可以参与并在废弃的工业设施中开展各种活动的游戏故事，通过故事了解建筑文化和工业生产知识，接受科普教育和品德教育，这对河南省发展工业遗址旅游具有一定的启示和借鉴作用。

（七）开发特色旅游商品

发展工业遗址旅游需要平衡企业和旅游者双方的利益，通过开展工业遗址旅游实现企业预期目标，同时满足游客旅游需求，实现"双赢"的局面。旅游商品是旅游业的重要组成部分，工业遗址旅游开发应重视旅游购物市场的开拓。企业可把生产的产品转化为旅游商品，另外还可将纪念品转化为企业的宣传品，在纪念品上标记企业的标识、图案、文字，例如，洛阳一拖集团公司可以将机械生产、机械工艺和品牌形象结合起来，寓传授知识与娱乐购物于一体，既展示了现代科技、传统文化，又提高了企业知名度，实现经济效益和社会效益的"双赢"。

（八）提高旅游服务质量

河南省发展工业遗址旅游应该按照国家旅游局颁布的《工业旅游发展指导规范标准》，在项目设计中注入更多的人性化元素，具备一定的亲和力。第一，要建立和完善游客接待服务中心，坚持以人为本，处处为游客着想，提供人性化、亲情化、细微化服务；第二，要配备专职导游队伍，抓好导游员培训工作，精心准备解说词和宣传品，为不同国家游客提供多语种导游服务，并且在景区建立路标和景点介绍，方便游客的游览；第三，要切实抓好安全工作，在景区适宜的地方树立安全警示牌，导游员要对游客多做提醒工作，避免发生安全事故，让客人高兴而来，尽兴安全而归。例如，河南省部分煤矿旧址存在地下积水、二氧化硫气体等危险因素，在开展工业遗址旅游时，必须对其进行全面细致的安全检测，消除安全隐患，构建安全的旅游环境。

　　总之，促进资源型城市经济转型是现阶段的重要战略任务。对工业企业来说，工业遗产旅游是锦上添花，工业遗址旅游是雪中送炭。树立科学发展理念，借鉴国内外发展工业遗址旅游的成功经验，大力发展工业遗址旅游，将为河南省社会经济的可持续发展做出重要贡献，最终实现城市从工业经济到体验经济的华丽转身。

第十章　河南文化开发与利用的建议与对策

第一节　发展河南经营性文化产业

一　加大文化体制改革力度，实施文化资源的市场化管理

开发河南文化，当前的主要问题是体制问题。要针对目前文化体制中不利于文化资源开发和文化产业发展的方面进行改革。深入推进经营性文化单位转企改制，建立现代企业制度。完善统一、开放、竞争、有序的现代文化市场体系，促进文化产品和要素在更大范围内合理流动。建立和完善竞争机制，逐步将原来计划经济体制下的文化资源配置和运行机制转变为与社会主义市场经济体制相一致的文化资源配置和市场运行机制。加快推进文化管理体制改革。建立健全符合文化企业特点的国有文化资产管理体制和运行机制。

随着经济的发展和人民群众物质生活水平的不断提高，文化产业的发展方兴未艾，文化资源市场具有很大的潜力，前景非常广阔，我们要加大文化体制改革力度，大力发展文化产业和文化市场。文化单位可以分为营利性和非营利性两种。非营利性的，政府应加大投入力度，但也要引入新的运营机制。营利性的，要鼓励进入市场，鼓励民营资本进入部分文化产业领域，要打破部门和地域界限，发展文化产业。同时，我们还必须放眼世界，进行文化产业的结构调整，要站在新世纪的高度来规划文化产业的发展。否则只能导致封闭和落后，最后必然被市场淘汰。我们要继续坚持"一手抓繁荣、一手抓管理"的方针，加强文化执法，禁止和清除腐朽文化，保证文化市场更加健康、有序地发展，真正体现先进文化的前进

方向。

　　河南省对文化市场监管力度正在逐渐加大。文化资源的市场化管理工作也进一步加强。

二　推动文化与旅游的嫁接，打造文化旅游的优势品牌

　　河南作为中华民族的摇篮，有着深厚的文化积淀和丰富的历史文化资源，并具有相对的优势。独特的人文色彩，潜在的经济价值是河南旅游资源的优势。这几年，河南作为文化旅游大省，向海内外旅游市场打出六张"王牌"。

（一）古都游

　　中国有 8 大古都，河南就占了 4 个，这就是洛阳、开封、安阳和郑州。洛阳先后有东周、东汉、曹魏、西晋、北魏、隋、唐、后梁、后唐等在此建都，有 4000 余年的建城史；开封先后有战国的魏，五代的梁、晋、汉、周，北宋以及金朝的后期在此建都；安阳曾做过殷商和邺、后赵、前燕、东魏、冉魏、北齐的都城。此外，禹州相传是夏王朝的都城，许昌则是三国时期名噪一时的许都，一代霸主曹操曾在这里"挟天子以令诸侯"。"古都游"令人钩沉稽往、浮想联翩。

（二）黄河游

　　黄河自陕西潼关进入河南，西起灵宝，东至台前出境，流经三门峡、洛阳、济源、焦作、郑州、新乡、开封、濮阳 8 市 25 县，全长 711 公里。如果再算上清咸丰年间黄河改道以后留在境内的 200 多公里长的黄河故道，一河连接 6 座中国历史文化名城，在这里能尽情地领略黄河两岸众多的名胜古迹，以及充满野趣和史诗般的黄河流韵、故道风情。

（三）寻根游

　　河南是中华民族之根，黄帝故里就在新郑。河南也是姓氏的重要发源地，中国姓氏前 100 个大姓中，有 73 个源于河南，在海外有"陈林半天下，黄郑排满街"之称的四大姓氏均起源于河南。洛阳是东方文化之根，河洛文化所诞生的《河图洛书》被认为是中国最古老、最权威的文化经典；起源于安阳羑里城的《易经》则被奉为中国的群经之首；在国内外引起轰动的"濮阳蚌壳龙形图"距今已有 6400 年的历史，被誉为"中华第一龙"。河南还是道学的创始地、佛学的首传地和理学的光大地，许多名人、名著、名典故出自河南或与河南渊源甚深。

（四）功夫游

功夫文化，是中原文化的鲜明特色。中原武术文化技冠天下，德播神州。"天下功夫出少林"之说，形象地表明了少林武术在中国武术文化中的重要地位。"十三棍僧救唐王"的历史传奇使少林寺遐迩闻名，成为中华武术的荟萃之所、流播之处、发扬光大之地，使"少林"成为中国武术的品牌，成为中原文化乃至中华文化的品牌。河南温县陈家沟人创立的太极拳，是中国武术文化的又一重要流派，以刚柔并济为特征，以强身健体、修身养性为主旨，已推广到五大洲，成为上亿民众生活中的重要组成部分。以功夫为依托，开发深度功夫游，能获得较大的成功。

（五）赏花游

以河南省有名的花卉品种为依托，在特定时间深度开发赏花游。

中国洛阳牡丹文化节前身为洛阳牡丹花会，已入选国家非物质文化遗产名录，作为全国四大名会之一，至 2015 年洛阳牡丹花会成功举办 33 届，并在 2010 年升级国家级文化盛会。除了对牡丹的欣赏，还有其他的一些以牡丹游为依托的其他精品活动。以第 33 届牡丹文化节期间为例，该界牡丹文化节除了除原有的赏花游、历史文化游、生态游等旅游产品外，温泉度假类产品，滑雪、漂流等旅游产品也吸引着众多的游客。

另一著名花卉品种——开封菊花，也可以进行深度的赏花旅游线路开发。开封是我国的七大古都之一，也是国务院首批命名的历史文化名城之一。自 1983 年，中国开封菊花花会迄今已举办了三十二届。近年来，菊展规模不断扩大，展出的菊花数量、品种不断增多，菊会的内容也在不断丰富，影响也不断扩大。

鄢陵腊梅不仅历史悠久、品种优良，而且造型各异、价值不菲。1990年，作为"中美友好的使者"，23 株精选的鄢陵腊梅在林肯纪念馆展出。1995 年，中国花协批准鄢陵建立"中国腊梅基因库"，为腊梅产业的发展创造了优良条件。1998 年，38 株盆景腊梅摆放在国务院紫光阁前，成为中外友谊的象征。目前，鄢陵旅游业发展迅速，已建成了"鄢陵国家花木博览园"、"花都庄园"、"花都温泉度假区"、"阳光生态旅游度假区"、"花乡农家乐"等一大批生态旅游观光景区，鄢陵腊梅旅游产业的开发可以大大促进当地经济的发展。

（六）山水游

白云山、龙峪湾、花果山、伏牛山、栾川老君山、洛宁神灵寨、嵩县天池山、新安青要山、黄河小浪底、鲁山的尧山、淇县的云梦山、沁阳的神农山、栾川的鸡冠洞、西峡的老界岭、新安的万山湖、汝南的宿鸭湖、确山的薄山湖、博爱的青天河、内乡的宝天曼、信阳的鸡公山、焦作的云台山等，都能让人充分享受到大自然的千般造化。在 2010 年 12 月揭晓的由国内外众多媒体关注和参与的"2010 中国城市榜——全球网民推荐的中国旅游城市"网络评选活动中，洛阳入围"全球网民推荐的中国旅游城市"。

河南的旅游特色不同于婉约秀丽的江南水乡，也不同于千里冰封的北国风光，它的特色在于灿烂的历史文化，抓住这个特色，就等于树立起河南旅游业的品牌形象。目前，郑汴洛"三点一线"已为河南打造文化旅游品牌奠定了基础，积累了经验。少林寺、龙门石窟、安阳殷墟、宋都文化，可以说已成为在国际上有较高知名度、在国内享有盛誉的旅游品牌。这些景点成功的基本经验在于：注重突出文化旅游特色，在发掘深厚的文化内涵、提高文化品位上下了大功夫。通过组建龙门、汉魏故城、隋唐城遗址、西霞院四大文化旅游产业园区，初步形成了产业集聚发展态势。

三　文化旅游产品要采取静态开发与动态开发相结合的方式

静态开发主要指文化观光型模式，这种模式是指旅游者从事观赏文化景观，观看民俗风情文化表演、参观手工艺品展览这些非物质文化旅游产品等活动。这是目前中国旅游文化资源开发的主要模式。此模式具有游客滞留时间短、花费少、回头率低等弊端。处于旅游文化资源开发的初级阶段。

表演类的非物质文化旅游产品以演员的精彩表演为主，辅以少量与观众的互动表演。表演类的文化资源发展相当成熟，其文化性、艺术性和娱乐性都有非常好的表现。特别是音乐和歌舞是目前旅游区内应用最为广泛的非物质文化旅游产品，也是很受游客欢迎的一种形式。

以洛阳为例，作为洛阳市亮丽的文化旅游宣传名片，独具古都历史文化风采的大型舞蹈诗《河洛风》自 2003 年创作首演出以来，在北京、郑州、洛阳等地已演出 60 余场，6 万多名观众欣赏到了这台精彩绝伦、展示洛阳悠久历史文化的舞台艺术精品。《河洛风》取材于洛阳历史长河中撼人心魄和富有意趣的素材，用多个舞蹈组合来演绎河洛文化这个主题，具有完整的诗化结构和诗的意境。2009 年，以道家文化为创作底蕴、以老君山生态山水为载体、以娱乐互动为演艺形态的大型实景演出《君山追梦》，向人们诠释中国道家文化和洛阳山水人文景观。河南仍需要不断地弥补缺憾，不断地改进、创新，打造精品文化旅游节目。

在河南传统文化表演艺术中凝聚了许多代艺人的智慧和心血，同时也有中国传统文化的积累，具有很高的审美价值，也是祖先留给我们的宝贵的文化遗产。欣赏传统的表演艺术既可以使游客在异地的旅途中获得休闲、娱乐、愉悦和对传统文化的认同感，同时还可以从传统文化中汲取养分。除了传统的表演艺术之外也有一部分现代的艺术表演。

动态开发主要指文化体验型模式，是指游客亲自从事各种文化活动，或深入农村家庭体验家庭生活文化，或亲自参加某种手工艺品制作，或参与各种民俗风情文化活动。传统的手工技艺是技术和艺术的完美结合。但在当今时代，由于拥有高科技含量的新材料的出现和传统艺术体裁的过时，使得这些传统的手工技艺从以前生活中的重要组成部分变成了现在被束之高阁的传统艺术形式。在旅游过程中，展现传统的手工技艺不仅具有很高的文化价值，在旅游过程中也有很高的参与性和娱乐性。购买这些相对廉价的艺术品把它们带回去慢慢欣赏或者是学习一种技术，或亲自动手制作的独一无二的艺术品，这些都会给旅游者的旅途带来无尽的乐趣，使他们沉浸在玩乐和创造艺术的欢乐之中。这是中国进一步开发旅游文化资源的一种关键模式。这种模式强调游客对当地文化的深刻理解和体验，可以使游客和当地居民之间产生一种深厚的感情。此模式具有停留时间长、支出较多、提高游客的重游率的特点，具有浓郁地方特色的河洛民俗文化不仅是优秀传统文化的组成部分，而且是主要的旅游资源。

四 鼓励社会资本和金融资本投资文化资源的产业化开发

对河南文化进行文化产业发展，要以文化资源优势为基础，规划一批市场前景好、投资回报高的重大文化产业项目，通过市场化运作，吸引各种类型的投资主体，促进产业化的升级与换代。

（一）确立国有经济投资的主体地位

文化产业的特殊性决定了国有文化企业在整个文化产业发展中的主体地位。国有文化产业单位要适应市场经济发展的要求，优化国有文化资产配置，使国有企业平等地参与市场竞争。只有那些涉及国家文化主权和文化安全的方面和领域，政府才应根据宪法和法律赋予的权力，坚决地把控制权掌握在自己手里。

（二）充分发挥民营经济的重要作用

要想通过对河南文化资源开发，大力发展经营性文化产业，就要将文化和旅游的文章做大，就要改变仅靠政府发展文化产业的单一模式，这就要求我们除了制定相关的扶持政策之外，还要鼓励各方面联合。发展投资主体多元化，鼓励多渠道、多种所有制形式参与，引导各种社会资金进入文化产业领域，逐步建立企业为主、政府引导、金融支持、风险投资参与的多元化的新兴文化产业投入体系。推出一批文化资源开发项目对内、对外招商，鼓励民营资本、金融资本参与河南文化资源开发。通过股份合作等方式，逐步改变传统文化资源拥有者无力开发资源潜能的现状；鼓励有实力、有经验的文化经纪人和文化经营公司进入传统文化市场，打造一批传统文化品牌，引领消费潮流，逐步使传统文化消费成为新的消费时尚；逐步造就一批有研发实力和市场开拓能力的传统文化企业。

首先，要打破垄断，鼓励竞争，支持民间力量投资文化项目，实现文化投资主体多元化和融资渠道的多样化，让市场在长期资源的配置方面发挥主要和关键作用。通过制定相关税收政策，鼓励团体和个人对文化事业的投资与捐赠，鼓励社会人士和工商企业对文化产业的赞助和支持。

其次，要与对外全方位开放相适应，对内也要实施全方位开放政策，施以"国退民进"为政策内容的文化产业民营化发展战略，把过去曾经在很长时期内一直认为只有国家才能承担的责任和提供的服务转移给社会的民营的力量去完成，通过完善以文化投资主体多元化为核心的文化产业政策体系，在文化产业的核心部位实行文化投资主体多元化、社会化和公共化，促进相应的文化投资体制改革。

以下是河南文化产业发展应率先重点突破的五个关键产业。

1. 出版发行

支柱企业河南出版集团虽已是"多元组合、编印发一条龙、产供销一体化"架构的大型出版发行集团，但还不是真正的以资本为纽带的市场化、产业化组织，仍是"计划"的产物，仍主要靠"计划"生存，虽大却不强。要想做强就应进行资本和管理再整合改造，实现完全母子公司制：一级法人是作为母公司的集团，是资本中心，负责投资控股不管经营；二级法人是子公司，是利润中心和经营管理中心，自主经营管理，条件成熟的应进行股份制改造。子公司应重点培育发展五个产业群：科教出版、文化出版、发行网络、音像制作和印务。

2. 地方戏曲

以豫剧为重点，以组建常香玉豫剧艺术院、创艺术名牌产品为突破口，带动河南地方戏曲艺术表演产业发展。常香玉豫剧艺术院应采取股份公司的体制，更有利于市场化运营。目前，河南省有艺术表演团体204个，群众业余演出团队4084个。河南省有中等艺术院校15所，这些将为河南省文化建设培养大批艺术人才，加速河南戏曲市场化运营的步伐。

3. 影视制作

以河南电影制片厂股份公司制改革为突破口，发展河南电影电视制作产业，带动河南一批影视制作公司成长，借鉴好莱坞工业化生产和市场化经营，创河南电影电视品牌。

4. 武术文化传播

以少林和太极两大武术为核心，在河南成立中国少林拳总会和中国太极拳总会（已有），构筑少林和太极这两个面向世界的武术文化传播产业平台，在国内外广泛发展分会、武馆和武术文化生产等产业，传播少林和太极武术文化。

5. 历史文化表演

以中原的原生文化作为基础，以河南知名度较高的历史文化典故、礼仪为蓝本，在相关历史文化景区以表演方式再现历史人文风貌。如开封包公府的"包公审案"，龙庭的"宋朝大典"，天波府的"杨家将出征"，清明上河园的"东京汴梁大庙会"、"闹元宵"，南阳茅庐的"刘备三请诸葛亮"等，举不胜举。同时，还可以培育发展出一批历史文化表演专业公司。这是一个市场前景很大的新产业。

总之，河南文化业必须加大改革力度，大胆突破创新，加快启动文化产业的工业化进程，积极借鉴国内外先进的文化产业运作方式，闯出一条河南文化产业的工业化之路，努力把河南建成在全国有重要影响的文化强省。

第二节　发展河南文化创意产业

一　改善融资环境

当前河南文化产业大多规模小，但有技术含量的民间艺人水平很高，却不能把自己的技艺发扬光大，面临的一个问题就是资金来源。因此，改善投资环境应在改善综合环境的基础上，进一步放开文化领域投资，鼓励社会资金、民间资金投资参股文化事业和文化产业的发展，实现文化与资本的对接。正确对待外国资本的跨国运作，允许体制内的文化资源与体制外的文化要素相结合，鼓励社会民间资金开发利用文化资源。尽快研究制定河南省文化创意产业融资办法是发展河南文化创意产业的政府战略之一。

二　加强政府引导，实现科学规划

首先，政府应明确文化创意产业的战略地位。其次，对文化创意产业进行科学合理的规划。主要是防止"一窝蜂"式低水平重复建设。制定 5 年乃至 10 年的河南省文化创意产业发展规划是发展河南文化创意产业的政府战略之二。

三　加大人才培训的力度

创意产业作为智力密集型的产业，其发展还需要大量的创意人才，而目前河南省优秀创意人才极度稀缺，因此发展河南省创意产业，需要当地政府提供优惠政策，不断培养和引进大量优秀的创意人才。

目前，河南省政府扶植高校发展文化创意产业人才培养取得了一定成绩。但在扶植私人公司和专门化的私人培训机构方面还有很大的空间，而后者对支持创意产业的发展作用更为直接。制定发展河南文化创意产业的人才引进与培养办法就成为发展河南文化创意产业的政府战略之三。

四　加大对知识产权的保护

国内外的经验表明，政府对知识产权的保护力度对当地文化产业的发展具有重要的影响。文化产业作为智力密集型的产业，其产品和服务的开发需要投入大量的人力和资金，并产生属于开发者的知识产权。加快制定河南文化创意产业知识产权保护和促进办法就成为发展河南城市文化创意产业的政府战略之四。

五　政府主导的市场化运作机制

文化创意产业发展的关键是能够进入市场并为市场所接受。首先，建设完善的文化市场体系。其次，实现文化产业投资主体的多样化。最后，政府为文化产业开拓国际市场。

文化创意产业是一个新兴的产业，在初期，需要政府的规划和扶持，在文化创意产业发展的过程中，需要及时转换自身的功能和角色，将文化产业的发展思路由"政府经营"转向"政府服务",注重文化产业的市场化引导,建立并培育文化创意产业市场是发展河南城市文化创意产业的政府战略之五。

六　政府推动的文化创意产业集聚区建设

河南省政府决定 2010 年建设文化产业园区,形成本省的文化产业集聚区。这一点在《河南人民政府关于加快我省创意产业发展的意见》、《国际文化旅游名城规划纲要》以及《河南省国民经济和社会发展第十二个五年规划纲要》等文件中都有体现。尽管举步维艰,河南还是创立了河南小破孩创意产业园(Pobaby Creative Industry Park,PCIP)、中国平乐牡丹画文化创意产业园等。还有洛阳市规划中的西霞院动漫城,西工区的唐宫文化创意产业院也在进行之中,等等。但是,需要指出的是,相比于河南在中国历史文化领域的地位,与其他国内城市比较,我们的文化产业园还远远不够。因此,建立立足国内,面向世界的,充分展示中华五千年灿烂文明的"河南文化创意产业园"就必然是发展河南文化创意产业的政府战略之六。

第三节　发展河南文化旅游

一　制订合理的开发规划,深层次地挖掘文化内涵

要认识到资源只有开发利用才能体现价值。现有的人文景观在未开发前往往形不成规模,产生不了大的效益。只有不断地从各个角度多个层次地开发利用,才能逐渐显示它效益上的功能。开发河南文化旅游,要从实际情况出发,制订出具有科学性、可行性的开发计划,定重点、分等级、划档次,积极而稳妥地进行开发。值得欣喜的是,河南近年来在线路的编制和景点的建设上已开始注重文化内涵,单纯观光娱乐的旅游开发已降到次要的地位。如上所述,河南文化内涵在于三个特色:古代文化、寻根文化、民俗风情文化。在开发旅游产品时,要以这三个特色为依据。近年来开辟的"大黄河游",被日本游客誉为"充满野趣和史诗般的辉煌",正是建立在这三个特色的基础上,这就是一次很好的尝试。

二　积极定位河南旅游产品品牌,推出精品文化旅游项目

旅游产品品牌,能使旅游者辨认和识别一个地区的旅游产品,有利于

其选定自己的目标产品，也是旅游销售者沟通旅游者的中介，是旅游产品差别特异性的表示，是市场细分的工具和市场竞争的手段。河南旅游的品牌定位可以"东方文化摇篮，中国旅游胜地"为核心内容和标志性主题。用"中国历史文化的缩影"、"华夏文化六千年的风采"等渲染性品牌用语，使历史人文特色成为河南旅游的鲜明特征。在此基础上，推出精品旅游线路以及举办各种文化节庆，如"中华民族之魂——黄河之路线"、"洛阳牡丹花会"、"宋都文化"和"中国郑州国际少林武术节"等。这将有利于树立河南旅游业的品牌形象。

三　开发文化旅游商品体系，增加经济效益

不同时代、不同民族和地区的旅游商品各有自己的特色和风格，这正是文化因素在旅游商品中的体现。河南有着丰富的文化积淀，为开发富有特色的旅游商品提供了得天独厚的条件。如禹州钧窑、洛阳唐三彩、南阳玉雕和烙画、开封汴绣等，都具有极高的艺术价值和浓郁的民族风情。如果这些能与河南的品牌形象结合起来，像烙画的图案是气势磅礴的黄河景观，相信更能为旅游者接受和喜爱。

四　要注重宣传和营销工作

宣传工作不仅要持续，而且要形成规模，力求把河南旅游的优势展现在人们面前。如拍摄一部展示河南历史文化、自然风光的宣传片；推出专项旅游活动，如"少林功夫研修游"；发行一套古建筑（如白马寺、龙门石窟、开封铁塔等）的纪念邮票；组建一支专门的宣传促销队伍等。

五　要注重旅游人才的培养

开发文化旅游是一项高难度的工作，旅游经营者要求有深厚文化素质和对旅游市场的清醒认识。但是，旅游从业人员素质普遍偏低。据统计，国内旅行社部门经理高中及以下学历者占51.8%，本科以上学历者占7.2%。因此，一定要重视对人才的培养。目前，河南的一些大中专院校已相继开设了旅游管理专业，为河南旅游教育提供了一定的人才保障。

随着旅游业的迅猛发展，文化在旅游业中的地位和作用显得越来越重要。文化旅游以其独到的多元化功能正成为整个旅游业的灵魂和支柱，决定着旅游业的发展方向和兴衰成败。文化旅游必将成为河南旅游业的一个新的热点。

第四节　发展节庆文化活动

一　政府引导，市场运作

目前，我国大型节庆活动的举办几乎都是政府行为，较少考虑让企业单独承办。市场化是指在活动的实施过程中，引入市场机制，考虑投入产出的因素。祭奠仪式是整个节庆的核心，也是节庆中各类活动的内在本质，使节庆活动具有大众参与性而不具商业功利性，民族文化的产业化可以通过节庆活动对大众的吸引达到集聚人气的功能，从而带动相关后续附属活动的开发，后续节庆活动由于不具有神圣性功能，完全可以根据民族文化所具有的内涵开发适合旅游者参与的产品，走市场化道路，旅游节庆才能发挥其带动作用，形成大旅游格局，发挥旅游节庆的长期效应。

因此，节庆的市场化是节庆后续附属活动的市场化。活动组织者在保持原有习俗活动不变的情况下，策划出适合旅游者参与的后续附属节庆活动，采取冠名赞助、专营权租让、广告场地租赁等资金筹措渠道，进一步提高和增加旅游节庆后续附属产品的质量和数量，形成节庆活动和旅游后续附属参与活动的互动。

河南省节庆活动的发展也面临着如何进行节庆活动市场化的问题。节庆活动的市场化运作急需培育一批策划、演出、票务、会务、舞美、展览等多方面的专业性经营公司。目前，河南省经营会议、展览、节事、大型活动的公司有上百家，但是颇具规模的几乎没有。政府应鼓励投资建立中介服务企业，支持和保护在市场化过程中催生的节庆专业公司。

此外，还可以对现有的经营性文化生产单位进行产业化、股份制改造，在此基础上组建节庆活动经营公司，使之成为经营节庆文化活动独立的法人实体和市场竞争主体，依法自主经营、自负盈亏，具体实施节庆活动产业的市场化运作。

二　突出特色，打造名牌

节庆活动必须"有根"，即文化，有"根"才能"根深叶茂"，节庆活动才能经久不衰、传承久远、保持成长、独具特色。节庆活动是文化产业的一部分，文化是节庆活动制胜的法宝、存活的源泉。河南在举办节庆活动时要保存地方传统、凸显文化内涵，联合外部力量，提高文体活动档次。其实节庆活动文化是一种无形的资产，对外是一种优势媒介，对其国家和城市品牌的塑造和形象的传播会起到积极的作用。如果河南要使自己在国际上的形象得到改善，使人们真正地了解河南，就必须把自己的民族文化完好地展现在国际友人面前，让其感受到河南的民族氛围。

节庆资源转化为节庆产业的过程中，要选择那些与产业更近、最有群众基础、最能与现代人生活相融合、最能与河南省发展要求相一致的传统节日，进行区域旅游资源的整合，变"小旅游"为"大旅游"。从河南省当前节庆活动发展的情况来看，洛阳牡丹花会已经具有一定的区域知名度和影响力，但是从文化展现和居民参与的角度来看，还不能真正成为河南省具有代表性的节庆品牌，不能全面反映"中华之源、锦绣河南"的河南旅游形象。建议在郑州筹办集寻根文化、古都文化、少林文化、太极文化、山水文化、圣贤文化、农耕文化、现代娱乐文化等为一体的大型综合性的中原文化旅游节，全面展示河南文化和旅游特色；在洛阳、开封、焦作、三门峡、南阳、信阳等重点旅游城市设立分会场，展示当地各具特色的资源和文化；并用"文化河南、壮美中原"的整体旅游形象统领整个大型活动，深入挖掘文化内涵，打造具有中原特色的节庆活动精品。

三　群众参与，联合发展

从节庆活动角度来说，不仅要为游客提供高质量的节庆活动和参与项目，更要注重为旅游者提供包括交通、住宿、购物、餐饮、娱乐、资讯等一流的精品服务。这种高质量的活动服务不仅由旅游工作人员来提供，更重要的是行政管理人员和相关行业的服务人员，甚至活动举办地的全体市民。所以节庆活动中群众的主动参与不仅契合了节庆最初"与民同乐"的举办宗旨，而且避免了节庆活动客源不足、氛围不强、效益不佳的尴尬局面。更重要的是在节庆活动策划和举办过程中，既能注重外地旅游者的需求，又可以充分考虑当地群众的利益，让民众以决策者、管理者、工作者、志愿者、旅游者等不同角色参与节庆活动，能够营造出一种和谐的旅游环境，更能让外地旅游者体验到一种淳朴的、原汁原味的民风。

同时，节庆活动的举办有很强的时空稳定性，时效性明显，如何保持节庆所具有的聚集效应，已经成为各地区必须解决的问题。节庆为满足旅游的需要而随时、随地举办就会失去其原有的神圣性和神秘性，从而失去其原有的吸引力；反之，则由于节庆的时效性短，很难发挥区域经济带动的作用，从经济角度而言都是一种零和博弈。我们应该利用节庆的喷井式效应开发相关的旅游产品，开展各类观赏参与活动，与区域内其他景点和其他区域内的景点相结合，走联动发展道路，延长旅游者的观光停留时间，增加旅游者获得神秘满足感。

第五节 建立多元化的文化开发保护主体机制

在现阶段的河南文化资源保护与利用中，政府是不可或缺的治理主体，但绝不能片面的理解为政府在此过程中就是唯一的主体。为了更好地实现河南文化资源的保护和利用，就必须使其适应市场经济的发展规律，要在此过程中强调多元化主体的参与，并且明确各主体应该承担的职责，真正实现从政府控制式的"一元化"向政府、企业、非营利组织、社会公众等主体共同参与的"多元化"转变。

一 政府要更新观念，转变职能

目前，河南文化资源的保护和利用体现为政府主导型的模式。这种模式具有可以综合调动各项资源、实现高效率发展的优势，符合现阶段河南文化资源保护和利用的要求，但与此同时，政府职能越位、错位的问题也不断凸显，要实现文化资源的可持续发展，政府必须要更新观念，转变职能。

政府的观念更新和职能转变应该在以下几个方面有所体现：首先，政府的观念应该从"负责办"转向"负责管"，从"准入管理"转向"市场管理"，从直接干预文化事业单位和文化企业的微观活动转向对文化资源保护和利用的宏观把握调控，从运用行政指令进行管理为主转向运用经济和法律手段进行管理为主；其次，政府应该通过制定法规等手段尽快改变对文化资源保护与利用的政出多门、多头管理、条块分割的管理局面，实现对文化资源保护与利用的法制化、科学化、系统化管理；再次，政府应该逐步切断国有文化企业与政府的依附关系，实现政企、政资分离，政事、管办分开，将文化企业推向市场也更符合市场经济的发展规律，增加文化市场的竞争力；最后，政府应该逐步改变目前以政府决策为主确定文化项目的做法，探索文化项目基金管理模式，实施专家评审和社会公示制度。

二　企业要加强文化创新能力，兼顾资源保护义务

根据文化资源的共享性特征，文化资源虽然有产权保护，但产权拥有者并不一定对这一资源完全独享独占，任何一项文化资源，一经产生即是民族的，更是世界的、全人类的共同资源和共同财富。在此情形下，文化资源利用主体所具有的文化创新能力和创意能力就显得尤为重要。文化资源的利用应该首先遵循市场经济的发展规律，而从事文化经营的企业则应该在文化资源的利用过程中扮演更为重要的角色，承担起文化创新的主要责任。这些企业要深入挖掘河南的文化资源，借助市场运作机制和产业运作力量，对文化资源进行精心的宣传包装，用创意打造河南本土文化品牌。在文化资源利用的过程中，还必须要坚持创新要与公众的文化需求相适应的原则，只有文化资源利用的效果符合公众的需求，才能被公众接受和认可。从广西的《印象·刘三姐》、云南的《云南印象》等打造本土文化品牌的成功案例中不难发现，优秀的文化资源利用实践首先是符合本区域大众的文化需求的，能够体现出本区域的文化差异性特征，然后再用独特、新颖的创意创造出一种新的艺术形式，才能吸引人们的注意力，扩大品牌影响力，进而取得很好的社会效益和经济效益。

文化相关企业对文化资源进行利用的同时，还必须兼顾对省内文化资源的保护，这主要包括两方面内容：一方面，企业应该关注省内的文化资源保护，对尚未开发或未完全开发的资源，企业也应该积极配合相关部门的保护工作，防止珍贵的文化资源遭到破坏；另一方面，由于文化资源只有通过利用才能更充分地体现出其经济和文化价值，所以对文化资源的利用本身也可看作是一种保护方式，因此，企业在对文化资源的利用过程中，要深入挖掘文化资源中蕴含的价值，不断创新思维，融入新的科技，使文化资源蕴含的文化价值最大限度地体现出来，从而实现其传承发展。

三　公众要积极参与，扩大文化志愿者队伍

保护和利用文化资源的最终目的是要丰富公众的精神文化生活，满足公众的文化需要。这就需要我们在文化资源的保护和利用中重视公众的文化需求，所做的工作要符合公众的文化需求。所以，公众要积极参与到文化资源的保护和利用活动中去，而参与最有效的方式就是不断形成和发展文化志愿者队伍。文化志愿者参与文化资源的保护和利用主要有以下几方面作用：首先，文化志愿者可以拓宽融资渠道，减轻政府的经济负担，在维持组织自身运转的同时避免了资源浪费，提高了文化资源保护和利用的

质量；其次，文化志愿者可以代表公众表达文化需求，引导各项工作更贴近公众、贴近生活，使公众真正成为文化资源保护和利用的指挥者；再次，文化志愿者可以代表公众表达意愿，为文化资源的保护和利用工作献计献策，在实现自身价值的同时激发了文化工作的生机活力，使文化资源保护和利用工作获得更大的发展空间；最后，文化志愿者可以对文化资源保护和利用过程中的各环节进行监督，能够更及时的发现问题，并督促相应的负责主体进行纠正和改善，更高效的文化资源保护和利用。

河南省目前在文化领域中已经孕育了一些文化志愿者组织，但这些组织规模都比较小，只能在小范围内发挥作用，没有真正体现出文化志愿者组织的优势。因此，我们应该尽快完善相关制度，通过政策和法律扶持文化志愿者组织的壮大发展，使这些组织不仅能以更专业化、更灵活、更高效的工作方式不断为文化资源保护和利用奉献力量，而且逐步成为广大公众广泛参与文化资源保护和利用活动的重要组织方式和行为方式。

第六节　健全制度机制

"无规矩不成方圆"，文化资源的保护和利用也需要一系列的规则来进行约束，而这些规则就是文化制度。制度的含义比较广泛，包括正式制度、非正式制度两个方面，这里所指的"制度"仅限定于正式制度，即人们为达到特定目的而有意识制定的一系列政策和法规。

一　加强对知识产权的保护

知识产权是指公民、法人或非法人单位在科学技术和文学艺术等领域内所创造的知识产品依法所享有的权利。知识产权制度是维护产权所有人智力创造的一项法律制度，也是鼓励人们搞发明创作的一项重要激励制度，更是一个民族实现经济发展、文化繁荣、科技创新的重要保障。虽然近年来我国对知识产权的重视程度不断加深，陆续颁布了《著作权法》、《商标法》、《专利法》等以保护知识产权为主要目的的法律法规，但这些法律法规所涵盖的内容还比较有限，并且与国际通行准则还有一定差距。同时，我国知名的商标被国外企业抢先注册的许多案例让我们更加意识到知识产权的重要性。河南是一个经济发展欠发达的省份，同时也是一个文化资源丰富的省份，并且省内的许多文化资源都独具特色，具有很大的发展潜力。在此种情形下，我们更应该加大对知识产权的重视程度，特别是要提高对文化品牌抢先注册的意识。我们要加强对文化产权保护的法律法规建设，依靠完备的法制体系来更好地实现对知识产权的保护。

二　制定文化遗产保护和传承方面的法律法规

文化遗产是人类智慧的结晶和积淀，承载着人类发展的历史印记，镂刻着一个民族文化生命的密码，蕴含着一个民族特有的精神机制、思维方式、想象力和文化意识。对于如此珍贵的文化资源，我们不仅要对其加以保护，使其尽量完整地保存下来，更要通过科学合理的利用促进其中所蕴含的深厚文化的传承与发展。河南省历史悠久，是中华文化的发祥地之一，祖先不仅为我们留下了大量的物质文化遗产，也为我们留下了丰富的非物质文化遗产。这些文化遗产不仅是过去人们文化生活的历史印证，也是当今人们文化生活的独特内容，不仅使我们更容易了解过去的历史，也为当今人们的文化生活增光添彩。

河南对文化遗产保护和传承的相关工作，重点应该落在对相关的法律法规的完善和落实上，具体来讲应该从以下几个方面着手：第一，完善并落实对文化遗址、古建筑、古墓葬等文化遗产的保护法规，扩大其保护范围，充实其保护内容，使文化遗产的保护更具体化、细节化；第二，抓紧制定与文物保护法相配套的部门规章和地方性法规，对文物的挖掘、修护、保养等环节做出更科学详细的操作要求；第三，加大执法力度，将各项工作的效果与相关单位及其工作人员的绩效挂钩，切实保障各项法律法规和政策的落实；第四，严厉惩治破坏文化遗产的各类违法犯罪行为，重点追究造成文化遗产破坏或流失的责任人的法律责任，做到执法必严、违法必究。

三　通过立法手段构建现代化文化市场机制

文化市场是文化资源配置的基本方式，依据市场机制对文化资源进行配置，可以把有限的人力、物力和财力优先投向最有效益的生产项目和文化产品上去，能够实现文化资源的高效利用，可以更好地满足公众的文化需求。通过立法手段建构现代化的文化市场机制主要包括：首先，健全文化市场主体法，即通过建立完备的法律法规来明确各主体的责任和义务；其次，完善文化市场竞争法，根据市场经济规律和文化自身特性制定出统一的交易规则，保证各类主体间的公平交易，抑制任何形式的不正当竞争，维护文化市场竞争的公正性和合理性，形成规范公平、竞争有序、充满活力的文化市场氛围；再次，严肃对文化发展方向的监管，通过制定明确的法律法规实现文化观念的自由表述不能损害国家、民族、地区、宗教等利益，不能损害社会稳定和发展，防止文化产品和服务粗制滥造、格调低下；最后，建构文化市场管理法，通过制定科学合理的市场管理法规，宏观控制文化产业的发展方向，使一切管理活动透明、公正，培育完善的文化市场管理体系。

第七节　建立灵活的资金体系

目前河南省文化资源保护和利用的资金来源还主要依靠政府财政，这种传统的资金来源方式在很长一段时间内支撑着文化事业的发展，但是随着经济社会的快速发展，这种传统方式也逐渐暴露出其与生俱来的缺陷和弊端，资金投入总体不足、投资范围宽泛无重点、重复投资、投资效益低下等一系列问题都严重制约着文化资源保护和利用的发展。在此种情形下，加大对文化发展的资金投入，同时丰富资金投入主体构成，拓宽融资渠道，从而建立一个灵活有序的资金管理机制势在必行。

一　加大财政资金投入，加强资金使用监管

通过文化的大发展和大繁荣来实现经济的发展和社会的进步对于经济落后的河南来讲具有更为重要的意义，因此中央应进一步加大对河南发展文化事业和文化产业的资金投入，扩大投入规模，保证资金拨付到位。地方政府也应充分发挥财政杠杆作用，设立文化专项资金，提高文化发展专项资金在整个财政支出中所占的比例。在文化专项资金投入项目的选择上，既要公平公正，又要有针对性、突出重点，要特别加大对文化遗产保护、公共文化基础设施建设、民间传统文化传承等更贴近百姓生活的文化项目的资金投入。在文化专项资金使用过程中，要做到阳光管理和透明支出。首先，在资金投入的预算环节，要全面收集资料，科学预测市场，不仅要对项目发展的前景做出尽量准确的测评，而且要对项目进展各环节所需的资金做出详细的测算，运用现代会计制度对投资项目进行专业的、规范的预算编制；其次，在资金划拨使用环节中，要公示资金拨付情况，细化资金支出报告，并由专业人员定期审查资金使用情况，最大限度地确保资金使用合法化、合理化；最后，项目验收环节严格核算资金使用情况，

完善资金问责制度，保证资金使用的高效率、高收益。

二 实行积极的财税政策，吸引多元化投资主体

文化资源的保护和利用需要有更为多元化的投资主体参与投资，而税收则是投资主体在选择投资项目时最关注的问题之一。项目的纳税与否、纳税起征点高低、税率幅度等，都直接影响着投资主体对投资项目的选择和对投资金额的决定，因而，财税政策的实行也对项目所属地文化资源保护和利用的发展有着重要的影响作用。河南省在文化资源保护和利用的方面要吸引更为多元化的投资主体，就必须实行更为积极的财税政策，具体可以从以下几个方面着手：一是降低税率，相关部门应该通过政策的制定，降低对从事文化行业的企业、个人等主体的个别纳税项目的税率（如进行文艺创作表演获取收入的所得税、经营文化产业需缴纳的增值税、购买文化创作的版权税等），以提高各投融资主体参与文化资源保护和利用的积极性；二是实行差别税率，根据文化投资项目的不同类型、不同性质、不同规模、不同经济效益和社会影响，实行不同的税率，宏观上影响文化项目投资的方向；三是从政策层面对文化项目的资金借贷予以优惠，对于以文化项目为投资对象的资金借贷，金融机构应适度的降低审核门揽，简化审批程序，同时应成立文化项目融资担保基金，开发更为灵活的抵押担保业务，降低借贷主体的投资风险，减轻投资主体筹集资金的压力。

三 采取多方式回报，鼓励资助行为

以企业、非营利组织和个人等名义对文化项目建设的赞助和捐赠，也是河南文化资源保护与利用工作中一项重要的资金来源，为了扩大这种资金来源方式的力量，就应该对资助主体采取更多方式的回报，鼓励他们更为广泛的资助行为发生。例如，对于赞助过文化资源保护或文化资源利用项目的企业，在下一年度对其征收税款时，可以适当地按一定比例减少其应缴纳的税款金额，同时在其赞助的项目中可以帮助企业以冠名、广告等形式实现宣传营销。此外，相关部门还应设立专门的奖项和相应的庆典活动，邀请这些资助主体参加，同时为他们颁发奖状，对他们进行一定的精神鼓励，组织媒体对他们的资助行为进行宣传，吸引更多企业、非营利组织和个人参与其中。

第八节　进行多指标的综合评估

明确文化资源的价值是实现文化资源有效保护和利用的基础。只有通过调查、统计、分析和评估等手段，摸清文化资源的家底，才能将不同的资源进行对比，体现各种资源的特色，并分别明确保护和利用的重心，从而确定资源保护和利用的方向，制定相应的战略和政策。目前文化资源的评估方法主要有统计报表评价、问卷评价、专家系统评价和文化资源的多指标综合评估法。所谓多指标综合评估法，就是为了全面描述评价对象，根据评价对象的不同方面设计多个定性和定量指标，并将这些指标得分转化为无量纲的评价值，最后综合所有的评价值得出对评价对象的整体结论。多指标综合评价法具有多指标、多层次的优点，能够较好地处理大型复杂系统的资源评价，是目前应用较广、相对成熟的资源评估方法。在对河南文化资源进行多指标的综合评估时，应注意以下几方面的问题。

一　评估指标的遴选

文化资源所具有的精神和物质的双重属性，使得其评估工作比较复杂，评估过程比较困难，往往需要加入较强的主观意志才能予以评价。因此，在评估指标的遴选上则需要考虑多方因素，根据对现有文献的借鉴，在遴选评价指标时应注重考虑以下几个因素：其一，文化资源的品相要素，主要包括文化特色、保存状态、知名度、独特性、稀缺性及分布范围；其二，文化资源的价值要素，主要包括文化价值、时间价值、消费价值和保护等级等方面，文化资源中包含的文化元素越多、年代越久远、消费需求越大、保护等级越高则价值越大，反之则越小；其三，文化资源的效益要素，主要可以从经济效益、社会效益、民俗礼仪、社会公德、受益人群等方面进行考察；其四，文化资源的传承能力，主要从资源的规模、成熟度、综合竞争力以及资源环境几个方面进行考虑。资源评估指标的遴选要符合综合性、客观性、可测量性、可对比性的原则，资源评估体系的建立要遵循灵活性、全面性、整体性的原则，要针对不同类别、不同现状、不同价值的文化资源，建立多样化的评估体系，不仅要对河南省的文化资源系统有宏观的把握，而且要努力做到对具体每项文化资源的客观科学的评估，进而为文化资源发展中保护与利用的重点划分提供理论依据。

二　数字技术的应用

文化资源评估的数字技术应用主要体现在对资源数据的采集、存储、分析等方面。具体而言，数字化采集技术主要包括了图文扫描、运动捕捉、数字摄影、立体扫描、全息拍摄等技术，运用这些先进的采集技术，可以极大地提高文化资源信息采集的全面性、真实性，为进一步分析评估打下更为详细且坚实的数据基础。数字化存储技术的应用主要体现在文化资源信息数据库的使用上，对收集到的各项文化资源数据信息进行整理、分类，并将其全部输入文化资源信息数据库中进行保存。数字化存储技术的使用不仅有利于文化资源信息的永久保存，而且有利于文化资源评估工作更系统化、科学化的实现。数字化分析技术的应用在文化资源的评估过程中占据了极其重要的地位，通过计算机图形和数据库的融合，可以实现文化资源的空间化分析和可视化表达，同时基于 SPSS 等软件的数据分析，又可以得出文化资源相关数据信息的评估分值，并对这些评估分值进行系统化的整合。

三　评估人员的组成

为了保证文化资源评估工作的科学性和真实性，评估过程需要由受过专业训练的评估人员来具体操作和实施，但是评估结果是服务于文化资源的保护和利用的，为了使评价结果更具有可操作性和实用性，评价工作也鼓励多方人士参与。评估人员队伍应该由评估对象相应方面的专家学者、相关主管单位和相应业务部门的工作人员、被评估资源的各保护主体代表或利用主体代表等共同组成，在此情形下，来自不同领域的评估人员在开展评估工作时，会从不同的关注角度出发，不断地对评估结果进行比较和校对，从而保证评估结果的准确性。

第九节　培育内外兼顾的人才机制

实现文化大发展大繁荣，人才是第一要素。只有通过实施内外兼顾的人才机制，尽快培养出一支结构科学、专业过硬、规模宏大的文化人才队伍，才能显著提高文化资源保护和文化资源利用工作的质量和效率，同时也能为文化资源的可持续发展提供人才保障。

一　不断引进优秀人才

要吸引优秀文化人才来河南工作发展，为河南的文化发展贡献力量，首要解决的问题就是如何处理待遇引才和事业引才的关系。优厚的物质待遇是吸引人的必要因素，但事实证明，仅仅提高了物质待遇，而不提供广阔的事业发展空间，即使能吸引来人才，也留不住人才。根据马斯洛的需求层次理论，衣、食、住、行等生理需求仅仅处于需求层次的最低端，而人最高层的需求则是自我实现，即人们要从事与自己能力相称的工作，最大限度地施展自身的才能，实现自己的人生目标。因此，在适当提高文化人才物质待遇的同时，还要重视通过提高事业待遇引进优秀人才的手段。

要实现依靠事业待遇引进人才，首要前提是为优秀人才创造出一个尊重知识、尊重技能、鼓励创新的工作环境。其次要合理配置人才，引进人才的工作岗位要根据其所学专业、掌握技能和工作特长所决定，确保引进人才能够在合适的工作岗位上各尽其才，才尽其用，不断实现自我的价值。再次在引进人才的管理上要突出"以人为本"的管理理念，在为引进人才提供良好的工作环境和远大的发展前景的同时，还要关心引进人才的家庭生活，对于其本人或亲属在生活中遇到的困境，要及时地表示关心和问候，并尽可能地帮助解决，要用关爱来打动优秀人才，用真情留住优秀人才。最后在人才引进过程中，还必须注重按需引才，要根据人才队伍的知识、能力、学历、年龄等结构合理引才，要有计划、有重点地开展人才引进工作，避免造成人才浪费。

二　重视本土人才培育

引进人才是当务之急，培养人才是百年大计。河南在努力引进优秀文化人才的同时，必须重视文化人才的培养，特别是本土文化人才的培养。可以对现有的文化工作者采用讲座、座谈会、集中培训、报告会、学术交流等方式进行教育培训。做到现有文化人才队伍培训的常规化、专业化和规模化。特别是对于掌握传统技艺的民间艺人，还要为其相应的表演、展览和宣传等活动提供充足的帮助，并从物质和精神上鼓励这些民间艺人不断发展学徒，认真且全面地将所掌握的传统技艺传授给学徒，实现这些传统文化的传承发展。除此之外，对文化人才的培养还要充分利用省内的教育资源，可以在省内的普通高校、高职高专院校、职业技术学院等设立与文化工作相关的专业学科，根据实际的工作需要培养相应的专业人才，然后为相关专业的毕业生提供更多的就业岗位，吸引和留住这些毕业生为河南的文化发展效力，提高本土人才利用率。

三 强化人才激励制度

完善用人制度，强化人才激励是发挥文化人才效能的快捷路径，只有为文化人才创造一个有利于成长发展的组织环境，才能更好地吸进、聚集和稳定人才，从而使文化人才充满工作动力，不断为文化发展贡献力量。具体而言，应该主要从物质激励和精神激励两个方面进行强化。就物质激励方面而言，要将文化相关部门及其工作人员的薪金与工作绩效相挂钩，实行按劳分配和按生产要素分配相结合的分配方式，推行人才签约制度和绩效分配制度，根据人才的实际工作完成情况，在一定范围内调整其所得的薪金水平，奖罚分明。此外，文化人才专项资助基金的设立也是一项必要的激励手段，政府、企业及其他与文化工作相关的社会组织均可设立文化人才专项资助基金，其主要用途是对文化人才特别是顶尖人才的引进和培训予以资助；对重点文化资源保护或利用项目予以支持；对文化产品或文化服务创新予以鼓励；对文化科研项目或文化作品创作予以补贴，以及对为文化发展做出重大贡献的领军人才予以奖励。人才专项基金还要特别关注扎根基层的乡土文化能人、民族民间文化传承人特别是非物质文化遗产项目代表性传承人，为基层涌现的各类文化人才雪中送炭，促进他们健康成长。

就精神激励方面而言，主要包括选拔升迁、岗位轮换、流动配置和培训进修等激励手段。一是文化相关单位的人员升迁要结合实际情况逐步实现公开竞聘制度，形成"能者上、平者让、庸者下"的内部竞争机制，激励文化人才不断提高学习进取心和工作积极性；二是在文化人才的任用中要实行适当的轮岗制度，通过岗位轮换，文化人才不仅可以更准确地发现自己的专长，而且能更广泛地了解其他文化工作，开拓自己的视野，进而实现一专多能；三是要为文化人才提供更充分更高质量的培训进修机会，帮助文化人才提升自身的工作能力和素质修养，实现自我价值的升华；四是在具体的激励方式的选择上，还要遵循因人而异的原则，根据文化人才关注的不同重点采用多渠道的激励方式，以期实现事半功倍的效果。

第十节 建立多维一体的监督机制

文化资源的保护和利用需要有坚实的监督体系对其各环节进行监督。

通过监督体系可以从宏观上把控文化发展的方向，从微观上对项目进展中的问题和欠缺之处及时加以解决和完善，而监督的内容主要涉及对文化资源保护与利用资金使用的监督和对完成效果的评价。为了保证各项工作高效高质的完成，监督工作应该通过建立包括政府监管、行业自律和社会监督在内的多维一体的监督机制实现。

一 政府监督

政府监管是最直接、主动、迅速的一种监督方式。对与文化工作相关的行政单位或事业单位而言，由于上级部门与下级部门间是领导与被领导的关系，因此上级部门可以直接主动地对下级部门进行检查指导，同时下级单位也有义务定期或不定期地向本级政府或上级政府请示汇报，如此一来，政府可以较为直接地了解其所属部门或下级政府在文化工作中存在的问题和困境，可以及时予以纠正和解决。对从事文化相关经营的企业而言，由于政府具有行政权力，因此一方面可以通过制定相关的规章制度，约束这些企业的行为，营造一个井然有序、公平竞争的文化市场氛围；另一方面也可以通过在对这些企业的登记、日常监督和年检等方面履行相应的监管职责，对于在监管过程中发现的相关企业存在的违法或不正当行为，应该及时地责令其改正，并予以相应的处罚，对于情节严重的，应该责令其停业整顿或吊销营业执照。尤其是政府部门要从宏观上引导文化产品和文化服务的价值方向，对于危害社会利益和他人利益，以及其他与社会主义核心价值体系相违背的文化作品，政府部门要及时介入处理，引导并保证文化市场向着健康有序、积极繁荣的方向发展。

二 行业自律

通过文化资源的保护与利用，实现文化资源的可持续发展和文化传承是一项宏大的工程，因此，参与其中的各文化事业单位、文化相关企业和社会组织也要加强自身的约束管理。首先，相关工作人员要自觉加强相关的法律法规学习，并遵守相关的法律法规以及行业内部各项章程；其次，要不断提升自身的素质修养，以最大限度地满足公众的文化需求为努力目标，加强对稀缺的文化资源保护，提高对可利用文化资源的利用效率和效果；再次，对文化资源利用中已存在的各种粗、滥、散的利用行为要及时纠正，并且要对这些行为抱有坚决抵制的态度；最后，文化行业需要不断在文化产品和文化服务中融入新的创意和先进的科学技术，努力丰富文化市场，并引导文化市场朝着积极、健康的方向发展，为河南的文化发展做出重大贡献。

三　社会监督

　　尽管社会监督不能像政府监督一样运用国家权力，但由于其在监督主体、监督客体、监督内容、监督范围和造成的影响上有更大的广泛性和普遍性，以及在监督方式和途径上更具积极性和灵活性，从而成为监督体系中不可缺少的重要组成部分。首先在文化企业为投资文化项目而向金融机构申请借贷款时，相关金融机构要严格审核企业的资格，同时要对被投资文化项目的市场需求和发展前景进行认真地考察评估，尽可能准确地得出该项目的可行空间和资金预算，在项目计划环节就开始履行监督义务，并将监督执行贯穿于项目进展的整个过程。公众是文化产品和文化服务的直接消费者和受益人，有权利也有义务对文化资源的保护和利用效果进行监督。公众的监督不仅仅表现在对其中资金使用情况的监督上，更应体现在对文化资源保护和利用效果的评价上。公众应该充分利用网络、媒体等媒介通俗直观地表达自己对于某个具体的文化资源保护或利用效果的评价，同时，相关部门也要为公众提供更多更直接的监督机会。此外，在对文化资源保护与利用的监督，特别是在对其最终效果的监督方面，相关的专家学者也是不可或缺的监督主体。省内高校、科研机构和相关部门的专家学者都要积极参与到文化资源保护与利用效果的评价考核中去，必要时还需聘请国内外知名专家共同对其效果进行评价鉴定，各专家学者通过运用自身所学的专业知识和积累的工作经验，可以对文化资源保护与利用的效果做出较为客观公正的评价。

第十一章　河南和谐文化与河南和谐社会

第一节　河南文化的"和谐"内涵

"和谐"精神是河南文化内核的一种心态结晶。爱国爱乡、顾全大局、团结互助、群策群力等精神反映着河南文化的本质。这种"和谐"精神的思想基础是集体主义的道德原则、"人人为我，我为人人"的伦理意识，以及团结协作的团队精神。河南"和谐"精神的特征包括坚韧性、中和性、兼容性、相对独立性，它们向世人展示着河南人民特有的伦理思维方式、道德意识结构及道德心理人格。我们应把树立正气、顺气、和气与弘扬创业精神相结合，改进与完善公民道德建设等具体措施，去进一步提升当代河南"和谐"精神，努力构建河南和谐社会。河南文化的"和谐"精神具体体现在以下几个方面。

一　坚韧性

坚韧性是河南文化"和谐"精神的首要特征。自古以来，勤劳俭朴、吃苦耐劳构成河南人这种坚韧不拔、宁折不弯的道德品格的生成基础。面朝黄土背朝天，黄河的层层泥土积淀了河南人独特的生活品性；一种宁可劳作累死而不愿向困难低头的顽强的生存意志和拼搏精神。这种内生于中州大地的坚韧性，伴随历代中原人口的南迁北移或东流西进而辐射至祖国四方，成为中华民族赖以生存与健康发展的精神支撑。

具有大禹的勤勉和无私奉献以及愚公的坚强和韧性，是中原父老乡亲们的真实形象，真正地体现了河南人民的"精、气、神"。越是在艰难困苦的环境条件下，这种"精、气、神"就越加光彩夺目。在抗日战争时期，中原儿女"宁肯站着死，不愿跪着生"，表现出大义凛然的民族气节和威武不屈的铮铮铁骨，而在 20 世纪 60 年代的三年自然灾害时期，河南人民更是以令人难以想象的勇气、决心和毅力，经得起考验，担当起重整中原河山的历史责任。尤其是自改革开放以来，河南人民打破封闭、保守、落后的小农意识的千年精神樊篱，在市场经济的大潮中重塑自身坚韧不拔的伦理品性，并且在其中赋予敢于竞争、善于竞争、永不言败、永不放弃的时代精神内涵，从而向世人展示了河南人崭新的思想道德风貌。

二　中和性

中和性是河南文化"和谐"精神的主要特征。顾名思义，中原之中，蕴含持中、中和的意思，而中原之原，也含有平坦的意义。"和合"本是我国传统文化的核心理念，从中折射出我国人民独特的思维方式、道德祈求、政治愿望和生活理想。古老的中原大地是"和合"文化的发源地。

在我国最早的史书《尚书》、儒家经典《易经》以及先秦的典籍《管子》和《墨子》中，均提到有关"河图"与"洛书"的传说，而由"河图"和"洛书"发展而来的"八卦五行说"，就孕育、产生于河南的河洛地区。"八卦五行说"的精神主脉即是推崇"和合"，由此而被历代中原圣贤作为教化民众、调适社会关系的手段和目标。在"和合"文化的长期熏陶和调教下，中原人无论在安邦治国、认识自然和利用自然方面，还是在待人接物、亲善友邻等人际交往和区域交往方面，均视和谐为不可背离的宗旨。"政通人和"反映中原人企求社会和谐的一贯生活理想，"民胞物与"则显露中原人为人处世的伦理情怀；他们寻求安身立命与终极关怀的统一，从不将邻里和睦、家庭和美、社会和谐与彼岸世界对立起来。

三　兼容性

兼容性是河南文化"和谐"精神的显著特征。海不辞东流，人之至也。自古以来，河南文化就以其博大、宽阔的胸襟广纳各种与己不同的外域文化，在文化交往下养成了兼容并包而又和而不同的优良品性。在中原社会思想发展史上，经过文化的碰撞和磨合，儒墨思想的互补成为现代义利统一观的源泉，而儒道思想的互补，则使天道与人道以及自然与人为相通、协调和统一，从而成为支撑现代生态文明建设弥足珍贵的伦理文化资源。

河南文化之所以具有一副大中华的面孔，就在于它海纳百川，不断地更新与创造自我，然后又惠及东西南北，从而在历史上能够具有伦理中心文化的核心地位。中原崛起的当代潮流正在为河南文化的复兴创造出前所未有的契机，中原"和谐"精神完全有可能在中原人民的共同培育下成为中华民族精神文明园地中的一朵奇葩，并且成为中原崛起乃至中华和平崛起的强大精神动力。

四 相对独立性

相对独立性是河南文化"和谐"精神的重要特征。虽然经济发展是"和谐"精神赖以形成与发展的基础，但作为社会意识形态之内核的"和谐"精神一旦发育成熟，却又对自身这种基础具有相对独立性，即它与社会发展的不完全同步性，与其他社会意识如科学精神、民主与法制精神的相互影响和作用，与经济发展水平的不平衡性，以及对于经济与社会发展的巨大反作用等；由于河南文化源远流长，底蕴深厚，相应地其"和谐"精神的相对独立性也就较强。仁爱友善、笃实宽厚、刻苦勤奋、勇毅力行、诚信公平、义利合一的伦理特质可望成为促进中原崛起的道德动力和构建和谐中原的精神依托；作为道德人文精髓的中原"和谐"精神虽与科学精神、民主与法制精神等共生共荣，互补互益，但其心态文化的情感价值导向却有别于后者的制度文化的理性智慧蕴含。

第二节 和谐社会的内涵及基本特征

党的十六届四中全会首次提出"构建社会主义和谐社会"的执政理念，这一理念不断被丰富和发展，胡锦涛同志对社会主义和谐社会的基本特征作了进一步阐述："我们所要建设的社会主义和谐社会，应该是民主法治、公平正义、诚信友爱、充满活力、安定有序、人与自然和谐相处的社会。"这是我们党新一代领导集体对社会主义和谐社会理论思考的新突破。

一 和谐社会的含义

和谐社会是一个具有广泛含义的范畴，其本质内涵是文明、公平、公正、共富、共享、安定、有序和团结，最基本的表现是实现人与人之间和谐相处和人与自然和谐相处。和谐社会是一种伦理上的价值判断，核心是社会公平与公正。其内涵可从以下几个方面理解。

（一）和谐社会是社会的各种要素和关系相互融合的状态

和谐社会主要指社会同一切与自身相关的事物保持一种协调的状态，

包括社会与自然环境之间的协调、与经济之间的协调、与政治之间的协调、与文化之间的协调等。

（二）和谐社会是社会资源兼容共生的社会

和谐社会应当给人们谋取一定的物质利益，提供生存与发展的条件；和谐社会应当是各类社会资源互相促进而又互相制衡的经纬交织的公民社会；和谐社会是社会结构合理的社会，即社会的各个组成部分之间——通常指的是人口结构、阶级结构、民族结构、职业结构、地区结构、家庭结构，有一个比较匀称、比较均衡、比较稳定的关系。

（三）和谐社会是社会系统中的各个部分、各种要素处于一种相互协调的状态

和谐社会实际上是一种整体性思考问题的观点，要求我们把工作视野拓展到政治、经济、社会、文化等各个方面，运用政策、法律、经济、行政等多种手段，统筹各种社会资源，综合解决社会协调发展问题。

（四）和谐社会是良性运行和协调发展的社会

和谐社会是全体人民各尽其能、各得其所而又和谐相处的社会，用社会学的术语来表达就是良性运行和协调发展的社会。

二　和谐社会的基本特征

（一）社会主义和谐社会是经济社会全面进步的社会

构建社会主义和谐社会这一历史任务的提出，表明中国特色社会主义事业的总体布局更加明确地由社会主义经济建设、政治建设、文化建设三位一体发展为社会主义经济建设、政治建设、文化建设、社会建设四位一体。这说明我们党清醒地把握住了我国社会所处的历史方位和党的历史方位，清醒地把握住了人民群众的根本利益和共同愿望，反映了我们党对中国特色社会主义事业发展规律的新认识，也反映了我们党对执政规律、执政能力、执政方略、执政方式的新认识。构建社会主义和谐社会是对全面建设小康社会内容和任务的拓展。社会主义和谐社会是全面建设小康社会的重要前提，全面建设小康社会为构建社会主义和谐社会提供物质基础、政治保障、精神支撑。可以说，构建社会主义和谐社会伴随着中国特色社会主义的漫长过程，比全面建设小康社会所需要的时间更长、难度更大、任务更艰巨。

（二）社会主义和谐社会必定是有序的社会

社会有序就是经济、政治、思想、文化、社会生活各个方面有章可

循。这里的"章",包括法律、制度、体制、机制、秩序、规范等。政治领域的有序主要表现为权力授受和权力运行代表人民的意愿,符合民主程序,权力监督制约完备有效。经济领域的有序主要表现为企业、市场、政府的功能定位正确,行为方式符合法律法规和市场规则。思想文化领域的有序主要表现为正确处理指导思想一元化和思想文化发展多样性的关系,形成全国人民共同奋斗的思想基础。社会生活领域的有序主要表现为坚持共同的社会主义道德规范和价值观念,以及在此前提下的个人自由。

(三)社会主义和谐社会是公平正义的社会

公平正义是和谐社会的核心价值,构建社会主义和谐社会,一是必须在全体社会成员中普遍树立社会公正观念,二是社会公正原则必须作为立国原则被制度化。因此,和谐社会首先应该是所有社会成员在人格、权利和机会等方面相互平等的社会,所有社会成员都具有独立的人格,在政治、经济、文化、教育各个方面享有同样的权利和机会。其次,和谐社会是民主的社会,社会成员是社会的真正主人,社会的管理应体现全体社会成员的意志,社会成员可以自由表达自己的意见、参政议政,其自由权利得到有力保障。同时,社会还应建立完善的权力制约、监督和控制机制,使权力滥用的可能性降低到最低程度,而且一旦发生能得到及时纠正。最后,和谐社会是法制健全、依法治国的社会,整个社会生活必须纳入法制的轨道,任何个人、组织和机构都要在法制范围内活动,没有任何权力可以超越和游离于法制之外。法制要真正体现绝大多数社会成员的意志,立法民主化,司法程序化,整个社会必须建立和完善有法可依、有法必依、违法必究的法制机制。

(四)社会主义和谐社会是彼此友爱的社会

诚信友爱是实现人际关系和谐的前提条件。和谐社会重在各种人际关系的和谐,友爱则是人际关系的一种理想状态,因而它是构建社会主义和谐社会的一项基本原则。社会是由人组成的,社会和谐取决于人与人之间的和谐。诚信友爱是社会主义市场经济体制坚实的道德基础,是现代人际关系的一种理想状态。诚信友爱是社会主义和谐社会的基本道德规范,是构建社会主义和谐社会的重要基础。

社会是人们交互作用的产物,是人类以物质资料生产活动为基础而相互联系的人类生活的共同体。一个社会要和谐发展,仅仅依靠法律和制度规范是远远不够的,必须借助道德的力量。而在人类的道德规范体系中,诚信友爱对社会的和谐发展最有价值。因为诚信友爱可以最大限度地减少社会生活中的各种内耗和摩擦，减少社会生活的风险和代价，使社会的运行成本大大降低。

（五）社会主义和谐社会是充满活力的社会

社会活力来自社会成员、社会组织和社会机制的有效作用，表现为政治活力、经济活力、文化活力、人的发展的活力等。社会活力是社会和谐的来源，和谐的达成本来就依靠活力。构建充满活力的社会主义和谐社会，目的是充分调动广大人民群众的积极性、主动性和创造性，为人民群众的创造活动提供一个良好的环境和氛围。

充满活力的社会一定是一个多元化与宽容的社会。和谐社会关键在"和"，而"和"的关键在于"不同"。社会多元化是社会进化与进步的表现，也是社会富有活力的基础，是现代社会的特征。它表现为不同的价值观念、不同的行为模式、不同的利益诉求等。在多元化的社会中，必须互相尊重，友好相处，这种尊重表现在个人的思想和生活中便是宽容意识，宽容意识的本质是对人的基本权利和个性的尊重，对个人自由的尊重，这是社会成员个性发展的条件。

（六）社会主义和谐社会是一个稳定的社会

社会安定就是社会平安、稳定，包括人与人之间关系和睦、人们心理平和。任何一个社会，总是存在社会矛盾和社会冲突的，但社会矛盾的运动可能呈现两种方向：一种是良性运行，即在正确处理和协调社会矛盾中，推动社会前进；另一种是恶性运行，即由于政策或决策不当，造成社会矛盾加剧甚至发生激烈冲突，影响社会发展。在我国社会深刻变动时期，正确处理改革、发展与稳定的关系，维护社会的安定团结，具有特殊重要的意义。当然，社会稳定不是"万马齐喑"，更不是死气沉沉、死水一潭，而应当是活而不乱、活而有序。和谐社会应该是人与人之间、群体与群体之间、社会阶层与社会阶层之间，以及人与社会之间和谐相处，做到人人平等、和而不同、互惠互利。

和谐必须稳定，构建社会主义和谐社会，必须突出解决发展与稳定的关系。我们必须高度重视和妥善解决改革中因利益调整引发的社会矛盾，避免体制转轨时期的社会矛盾的激化。社会主义和谐社会不能排除矛盾，但必须有能力解决和化解矛盾，能够建立一种机制，不断地整合利益集团之间的差异与冲突，使社会始终处于协调、平衡、有序的状态。从这个意义说，稳定的社会应该是一个善于化解矛盾的社会。但稳定并不是目的，我们的目的是通过稳定为经济和社会和谐创造条件，满足人民的需要，进而形成全体人民各尽所能、各得其所而又和谐的社会。

（七）社会主义和谐社会是人与自然和谐相处的社会

人与自然的关系必须而且应当是相互联系、相互依存、相互促进的关系。我们在为了生存而对自然进行开发利用的同时，必须考虑到大自然也能够更好地发展，既追求经济发展的速度，又充分考虑资源、环境、生态的承受能力；既尊重社会主体的人，又爱护、保护支撑人类生存的自然界。

人是一种具有高等智能的社会动物，是各种社会关系的总和。只有处理好人与人的关系，保持和睦相处，才能使整个社会处于和谐状态。这是不言而喻的。同样明显的道理是，人总是生活在一定的生态环境中，需要不断同自然进行各种物质、能量和信息的交流，并通过改造自然和利用自然来满足自己的需要。如果不能处理好人与自然的关系，就不能实现生产发展、生活富裕和生态良好的统一，即不能实现人与自然和谐相处。这意味着生产落后，生活贫困，生态遭到破坏，或者至少出现其中一种问题，整个社会将不能达到和谐状态。由此还会引发人与人之间的矛盾和冲突，因而也无法处理好人与人的关系。所以，正确处理人与自然的关系，保持人与自然和谐相处，是构建社会主义和谐社会的必然要求。

第三节　河南文化对构建河南和谐社会的巨大作用

河南文化对构建河南和谐社会的重要作用主要体现在五个方面：

一　为河南社会和谐提供个体基础

河南文化可使河南人民自我完善，全面发展，为社会和谐提供个体基础。人是一种文化存在物，它既是文化创造者，又是文化创造物。人不断地按照美的规律改造外部世界，展现自己的智慧与力量，获得生存和发展的条件。同时，又把所创造的成果积淀下来成为后代继续前进的动力和基础。

二　为河南社会和谐提供最佳人文环境

河南文化可促进河南人与人之间交流与沟通，建立良好人际关系，为河南社会和谐提供最佳人文环境。

文化为人类的理解、互动和社会实践提供了恰当的空间。另外，文化能促成良好的人际关系。而且，文化致力于提高人们的文化趣味，让美好与光明蔚然成风，形成高雅和谐的文化氛围和社会环境。同时，文化具有很强的感染力和辐射作用，容易形成一个"场"，身处其中的人或周围的人很容易相互学习模仿，互相带动，形成健康和谐的人文环境。

三　为河南社会和谐提供精神动力和智力支撑

河南文化为河南社会和谐提供精神动力和智力支撑，使社会发展更科学全面。文化的意识形态特性决定了它具有肯定、巩固现行社会秩序并推动其发展的价值倾向。文化通过对人的教化与培养，提高人的思想道德素质与科学文化素质，赋予人以智慧和力量，为经济发展、社会进步提供强有力的思想保证、精神动力和智力支持。

四　为河南社会和谐提供良好的自然环境

当社会发展了，有了一定的文化积累，关于人与自然的关系问题便会受到越来越多的关注，善待自然、与自然和谐相处就会成为亟待解决的现实问题。文化以尊重为前提，它不武断、不霸道、不暴力，推崇在平等的地位上对话，不强加于对方。而且，文化注重长远，它不会拘泥于眼前的利益，而是着眼于千秋万代的可持续发展；它永远具有一种超前的意识，未雨绸缪地为人类规划着未来，让美的追求真正成为一种文化自觉，成为全社会的集体意识。

五　为河南社会和谐树立良好的河南形象

河南文化可使河南更具魅力，更加开放宽容，为河南社会和谐提供必要的国际环境。文化是一个民族智慧与文明的集中体现，也是该民族的象征与魅力所在。越是历史悠久、文化底蕴深厚的民族与国家越具有品格，越有分量，越有吸引力，在国际交往中越会赢得其他民族与国家的尊重与仰慕，为河南社会和谐提供必要的国际环境。

第四节　弘扬河南文化，构建和谐社会

建设和谐社会，文化具有不可替代的价值和功能，文化是社会发展的

动力之一。一个没有文化的人是愚昧的人，一个没有文化的社会是愚昧的社会。文化的繁荣是社会发展的最高境界。是构成和谐社会的最基本因素。

河南文化建设是构建河南和谐社会的软动力。经济的发展，社会的进步，振奋了人们的精神，增强了人们创造新生活的信心，激烈的竞争、复杂的利益关系和层出不穷的新情况、新问题，也使人们的情感世界产生某些躁动和不安。和谐社会的建设，呼唤着文化的人文关怀。文化体系中的情感层面是人们对自然和社会生活感性的价值判断与反映，它的符号形式是文学艺术。情感对伦理、信仰有着深刻的影响。在社会转型和大的变革时期，文化作为民族精神的旗帜，对于社会有着重要的引领和凝聚作用。文学艺术对于人的心理抚慰和精神激励功能尤为突出。

一　要坚持以科学的理论武装人，为构建和谐社会提供有力的思想保证

构建和谐社会，思想和谐是基础；实现思想和谐，以科学的理论武装人是关键。必须清醒地看到，改革开放以来，社会结构发生了深刻变革，各种思想文化相互激荡，人们思想的独立性、选择性、多变性和差异性进一步增强。面对意识形态领域的复杂形式，如何巩固马克思主义的指导地位，用一元化的指导思想引领、整合多元化社会思想，是我们必须认真对待的重大课题。

没有共同的思想基础，就会造成意识形态领域的混乱，从而造成人们思想认识的不一致，就不能最广泛地调动人们的积极性、创造性，就可能造成各种力量的相互排斥、抵制，引发社会矛盾，破坏社会秩序。目前不同利益群体之间的矛盾大量出现，各种社会和政治问题，如就业问题、腐败问题、分配不公问题、社会治安问题等易发多发。因此，必须按照构建社会主义和谐社会的要求，牢牢把握先进文化的前进方向，在全社会不同阶层不同人群中形成共同的思想基础和统一的意志，保证经济社会发展的协调与和谐。

二　弘扬和培育传统文化精神，为构建和谐社会提供精神动力

构建和谐社会离不开对传统文化的批判继承，中原传统文化是一个博大的整体，承载着中华民族的基本价值追求，蕴含着丰厚的中华民族精神，有着独特的民族特质。河南文化给我们后人提供了许多宝贵的精神财富。比如，广为流传的夸父追日、大禹治水、愚公移山等传说所昭示的战胜自然的顽强斗志和献身精神；脍炙人口的木兰从军、岳母刺字所表现的民族精神和英雄气概；"生于忧患，死于安乐"的勤奋创业精神；重视个人道德修养，以人为本，强调团体间和谐互动的集体主义情结；以及崇学重教、尊重知识、尊重人才的民间传统等，这些均体现出河南文化中的人民性特征。

在现实生活中，广大人民群众已自觉地继承了河南文化的优秀成分，并赋予了时代内容，创造出不少成功的范例。例如，林州人民发扬愚公移山精神，劈山炸石，修建人工天河——红旗渠，不仅改变了家乡缺水的面貌，而且还锤炼出了具有时代特征的"红旗渠"精神。爱国、爱家、爱集体是中原人民的又一优良品质。一些农村把传统的集体主义情结升华为自觉的集体主义思想，坚持发展集体经济，依靠集体的力量实现现代化，涌现出诸如刘庄、竹林、南街村等一批先进农村社区。重视个人的道德修养，以共同富裕为奋斗目标，这种朴素的信念影响着一大批优秀的中原儿女，从他们中间产生了一些具有人格魅力的先进人物，如焦裕禄、史来贺、吴金印等，在这些人身上无不体现出传统美德与时代精神的最佳组合。这些河南文化精神对维护社会的和谐具有重要的作用。

三　要大力发展教育和科学事业，为构建和谐社会提供智力支持

构建和谐社会，需要大力提高全体社会成员的科学文化素质。切实加强科学文化教育，既是社会主义先进文化建设的基础工程，又是社会主义和谐社会建设的必然要求，对构建和谐社会具有基础性、全局性、长效性的战略意义。

改革开放以来，河南省在科学文化教育方面取得了巨大的成就，人民群众的素质有了巨大的提高。但是，也要清醒地看到，与周边省份特别是发达省市相比，河南省人均受教育年限还存在相当大的差距，公民的道德素养、法律意识、科学知识水平等还有待进一步提高；城乡之间、地区之间在科学文化教育上还很不平衡，不同社会阶层之间的教育不公平现象日益突出。文化落后、愚昧无知，是根本不可能建设和谐社会的。优先发展教育和科技事业，提高全民族的科学文化素质，实现人的全面发展，是构建河南和谐社会最重要的文化基础和智力保障。

四　积极发展文化事业和文化产业，为构建和谐社会创造良好的文化条件

构建和谐社会，既要着眼于满足人们的物质生活需要，又要着眼于满足人们的精神文化生活需要。文化事业的全面繁荣将为全社会提供良好的文化服务，而文化产业的发展将对经济社会的全面协调发展产生重大的影响。当今世界，随着经济全球化、信息网络化和经济与文化一体化进程的加快，知识经济时代开始到来，文化就是国力，文化与富强实际上已共居于同一平台。各国文化事业为本国提供的精神动力和智力支持越来越强大，文化产业也正在挤占传统产业的市场份额，成为 21 世纪的朝阳产业。

目前，中国社会正处于转型期，强调重在建设，有利于把文化建设作为一个完整的体系来规划和实施，全面推进思想理论建设、法规制度建设、体制机制建设、人才队伍建设、文化设施建设和文化业务建设。文化的发展有赖于全社会的文化自觉，强调重在建设，有利于动员社会各方面关心、支持、参与文化建设的实践，也有利于启发、激励社会成员从我做起，增强文化修养，提高文化素质。

第五节　弘扬河南文化，提升河南"和谐"精神

弘扬传统河南文化，提升当代中原"和谐"精神。研究河南文化，弘扬"和谐"精神的首要目的就在于为促进中原崛起，构建河南和谐社会的大局服务，舍此而别无所求。我们认为，主要应从以下方面去结合河南省全面建设小康社会的伟大实践，进一步弘扬传统河南文化，提升当代中原"和谐"精神。

一　在全社会倡导树立正气、顺气、和气，与创业精神有机地结合起来

所谓正气，类似儒家孟子所说的"浩然之气"，它是由正义的经常积累所产生的，充塞于天地之间。正气是相对于邪气而言的，在当前，殚精竭虑思改革，一心一意谋发展就是正气，而满足现状，不思进取，胸中装着满腹私欲，唯独没有群众利益即是邪气。顺气是指通达顺畅、心情愉悦；妒贤嫉能、患得患失的人，既不能使别人心情舒畅，也不能让自己精神愉快。和气是指人际关系的和谐与融洽，但这种和谐与融洽绝非无原则的一团和气，而是推心置腹、以诚相待，和睦相处而不苟同。在全社会倡导正气、顺气、和气，这是为促进中原崛起营造健康的社会生活环境与良好的人际关系氛围的必由之路。

树立正气、顺气、和气，与开拓创新真抓实干是相辅相成、相得益彰的。当今，河南依然与东部发达地区在经济发展方面存在一定的差距，但这种物质上的差距并不可怕，可怕的是人们精神上的萎靡不振和认识上的自以为是！在此意义上，可以说，树立正气、顺气、和气不啻是使人们在精神上重新振作起来的妙方良药，而"换脑子、挖根子、变法子、装轮子、闯路子"则是让人们克服思维惰性，走出认识误区的清醒剂。

二　将自然仁德融入公民道德建设，规范人们善待大自然的行为

丰富公民道德建设的内涵，在现有公民道德建设的内容中加进自然仁德一项，用以规范人们以敬重的态度和合情合理的行为去善待大自然。

现有的公民道德建设的内容包括社会公德、职业道德、家庭美德，它们主要是涵盖人与人、人与社会之间的关系。随着科学发展观的提出，人与自然的关系日益显得重要。道德的衰退和自然生态的破坏是当代人类的生存与发展所面临的两个严重的威胁；只有在身处社会中与面对自然时均能具有高度责任意识和强烈义务感的人们，他们才能全面地挖掘自身在思想道德、科学文化、心理认知、生活审美等各方面的潜力，在不断地推动经济社会协调发展以及人与自然和睦相处的同时，也逐步地实现自身的全面发展。自然仁德的实质是人应当对大自然常怀敬畏之心，常有爱护之情，其目的旨在保护自然环境，合理利用资源。

三　拓宽公民道德建设的外延，寓公民道德建设于各项教育之中

拓宽公民道德建设的外延，寓公民道德建设于社会理想教育、革命传统教育、科学精神教育、艺术审美教育、社区团结互助教育以及科学发展观教育等项活动之中。

和谐社会是以良好的公民道德为支撑的社会，公民道德建设是构建和谐社会的基础性工程。公民道德建设重在实践，重在良好道德行为习惯的养成，但这种养成需要依托各式各样具有先进文化性质的、能体现真善美的教育活动。社会理想教育是对人的精神上的不可或缺的终极关怀并且由此而成为公民道德建设的思想基础。因为，一个缺乏科学的理想信念的人，他的伦理道德素质很难得到提高。

四　改进公民道德教育的方式方法，顺应多元共识的现代文化发展潮流

改进公民道德教育的方式方法，顺应多元共识的现代文化发展潮流，变自上而下的、以外部灌输为主的教育为自下而上的、以自我教育为主的教育。现有的公民道德教育主要采取的是自上而下的、外部灌输式的方式方法，容易产生理想化、形式化、空泛化的弊端。

鉴于产生上述弊端的共同思想根源是理论脱离实际、思维方式僵化以及在工作中缺乏求实创新精神，习惯于单纯依赖行政手段去整齐划一地推行公民道德建设，因此，在公民道德教育中，我们应当遵循多元共识的现代文化发展规律，变自上而下的、以外部灌输为主的教育为自下而上的、以自我教育为主的教育，以便使其能深入、持久地开展下去，并且收到事半功倍的成效。

五 进行官德和民德建设，精心挑选河南人精神形象大使

中原崛起的伟大实践呼吁强化官德建设，要求领导干部身先士卒，当好表率。榜样的力量是巨大的，在中原大地下，有着许多时刻牢记为人民服务的宗旨，全心全意为群众谋利益的好干部，可是，对他们宣传的力度却很不够。

在官德建设中，利用"网上看河南"、"河南文化各地行"等活动方式，多宣传依然健在的、仍然在任的、勤政爱民和廉政律己的领导干部的模范事迹，这将更让人感到真实可信，其影响力也更大。民德是形成良好社会风气的基础，所谓文明的精神就是人民的"风气"，这个"风气"普遍渗透于国民之间，广泛表现于各种事务之下，但既不能以目窥其形状，也很难察知其所在。类似于"风气"的民德虽说是无形的，但其社会影响和作用却是巨大与有目共睹的。有关部门应着重将职业道德教育和塑造河南人好形象教育纳入外出务工人员的培训内容之中，并且在外出创业成功人士中精心挑选河南人精神形象大使，要争取用物质与精神的双重发展去赢得外界的尊重。

六 形成健康的城市文化生态，确立协同发展和共同富裕的城市理想

在中原城市群的规划和建设过程中，人们应对无形的城市文化生态的健康形成、维护和发展予以特别的关注，并且通过营造祥和、友爱、合作、信任、互助、安康的人文氛围，去引导市民确立协同发展和共同富裕的城市理想。

发展是为了人，人是发展的根本；人是城市发展中最富活力、最具决定性的因素，也是决定一个城市竞争力、创造力的关键之所在。在中原城市群的建设过程中，人们不仅要积极关注有形的 GDP 和绿色的 GDP，也要努力提高人的素质的 GDP。

　　总之，在构建河南和谐社会的过程中，以"和"为内在精神和基本特征的河南文化为其实现提供了重要文化资源和精神支持。河南文化对河南和谐社会的精神基础、价值体系的形成和发展，以及和谐社会本身的发展都有着不容忽视和抹杀的作用、价值和意义。

第十二章　中原文化和中原崛起

第一节　中原崛起的战略目标

河南地处中原，区位优势明显，有丰富的矿产品、农产品和劳动力资源，经过多年的发展，形成了一定的经济优势，在我国经济由东向西梯度推进过程中，可以发挥承东启西的重要作用，有着巨大的发展潜力。目前河南的生产总值及工业增加值、企业利税总额、财政总收入等许多总量指标居中西部地区首位，人均指标位次也在逐步前移，只要抓住国家"促进中部地区崛起"的机遇，充分发挥区位优势和经济优势，加快发展步伐，一定能使河南的发展走在中西部地区前列，在促进区域经济协调发展中发挥重要作用。

中共河南省委七届五次全会审议通过的《河南省关于全面建设小康社会的规划纲要》提出，要在优化结构和提高效益的基础上，确保实现人均国内生产总值2020年比2000年翻两番以上，达到3000美元，努力使河南的发展走在中西部地区前列，实现中原崛起。

一　中原崛起的内涵

实现中原崛起，是关系河南历史定位和长远发展目标的战略构想和谋划。这里从三个角度对中原崛起加以审视，可以发现它包含了三个要素。

首先，从全国全面建设小康社会的历史进程中审视，中原崛起意味着河南走出"中原洼地"，赶上全国的发展水平，在全国棋盘中的位置得以较大提升。河南是华夏文明的发源地之一，在北宋以前一直是全国政治、经济、文化中心，由于战乱、灾荒等原因，河南几度衰落，到新中国成立时，已成为全国最贫穷的省份之一。1949年河南省工农业总产值为21.02亿元，仅占全国工农业总产值的4.5%；人均工农业总产值仅有50.3元，只有全国平均水平的59%，排在全国20位之后。改革开放以来，河南的发展速度和成就有目共睹，但由于历史的原因，和全国发展水平特别是与东部先进省份相比，仍处于"洼地"。全面建设小康社会，对有近一亿人口，经济基础相对薄弱，人均水平偏低的河南来说，就是要经过不懈的努力，走出"中原洼地"，达到2020年全国的平均发展水平，即人均GDP达到3000美元。由于河南人口基数大，届时经济总量在全国的比重比现在提高1.5个左右的百分点。这不仅标志着河南的发展水平上了一个大台阶，对国家的发展也是一个重大贡献。

其次，从河南自身的社会发展和历史演进中审视，中原崛起意味着河南完成从农业社会到工业社会的转变，基本实现工业化。这对一个传统农业大省来说，无疑是一场深刻的"社会革命"。1949年河南农业总产值为18.73亿元，占工农业总产值的89.1%，远高于全国70%的平均水平，而工业总产值仅有2.29亿元，占工农业总产值的10.9%，占全国工业总产值的1.6%。半个多世纪以来，河南发生了翻天覆地的变化，工业增加值总量已居全国前列，但工业落后的格局还未根本改变，农村人口占全省人口近75%、农业劳动力占63%以上，而农业劳动生产率仅是工业、现代服务业的1/10。基本实现工业化就是到2020年，非农业劳动力要占60%以上，城市人口占50%以上。也就是说，到2020年，我们的城市人口要翻一番，非农业劳动力与农业劳动力的比例要倒过来，使河南真正由农业社会进入工业社会。它对河南社会发展乃至全国的发展的影响都是极为深远的。

最后，从河南与同处于经济相对落后地位的中西部省份相比来审视，中原崛起意味着河南的发展要走在中西部地区前列，构筑对全国区域经济协调发展具有全局意义的"中原平台"。河南地处华夏腹地，"得中原者得天下"是历代治国名言。在中华民族的伟大历史复兴中，"中原平台"的构建，对我国区域经济的协调和国民经济的持续发展，将具有全局的战略意义。

二　"中原崛起"的三大标志

河南省对"中原崛起"设定了未来的目标：对有近一亿人口，经济基础相对薄弱，人均水平偏低的河南来说，实现中原崛起有以下三个方面的内容。

一是在优化结构和提高效益的基础上，确保人均生产总值到2020年比 2000 年翻两番以上，达到 3000 美元，人民物质文化生活和健康水平不断有明显提高。

二是经过近 20 年的努力，使河南经济整体结构发生根本性变化，基本实现工业化，二、三产业增加值占生产总值的比重达到 90% 以上，非农劳动力占劳动力的比重达到 60% 以上，城镇人口占总人口的比重达到 50% 以上。这对于农村人口和农业劳动力占多数的河南来说，是经济社会发展历程中的飞跃和质变，也是实现中原崛起的重要标志。

三是努力使河南的发展走在中西部地区前列，主要经济指标特别是质量效益指标走在前列。同时中原崛起是经济、政治、文化全面发展，物质文明、政治文明、精神文明协调发展的目标，在加快经济发展的同时，还要推动经济社会全面、协调、可持续发展，促进人的全面发展。

三　"中原崛起"的思路历程

在经济发展的指导思想上，由提出"加快发展，缩小差距"、"把人口大省建设成经济强省"，到明确"实现人均国内生产总值到 2020 年比 2000 年翻两番以上，达到 3000 美元，使河南省的发展走在中西部地区前列"。

在战略目标确定上，从提出"一高一低"（即经济增长率略高于全国平均水平、人口自然增长率低于全国平均水平），到强调"两个较高"（即经济发展实现较高的增长速度和较高的增长质量）。

在发展战略上，经历了由实施"三大战略"（科教兴豫、开放带动、可持续发展），到"四大战略"（加上"城镇化战略"），再到"五大战略"（加上"中心城市带动战略"）。

在发展途径上，从提出"围绕农业上工业、办好工业促农业"，到明确"以工业化为主导，以城镇化为支撑，以推进农业现代化为基础"。

在发展布局上，从提出发展大城市、中小城市、小城镇"三头并举"，到明确"建设大郑州"，培育"中原城市群经济隆起带"，"形成若干个带动力强的省内区域性中心城市和新的经济增长极"。

第二节　中原文化与中原崛起的互动关系

中原崛起离不开精神文化的支持。中原崛起是个总体性目标，若只强调经济建设与发展、政治建设与发展，不能涵盖中原崛起的全部内涵。中原崛起应有相应的精神文化建设与发展，没有精神文化上的建设以及由此而衍生的心理上的认同、观念上的转换、思想上的解放，没有积极向上和饱满昂扬的精神状态，是不可能实现中原崛起的。

一　文化与经济的互动关系

文化和经济是社会生产和生活中的两大范畴，但是在人们的传统观念里，文化与经济发展是没有任何关联的。20世纪80年代以来，由于美国这一全世界最大经济体的连续高速发展使经济发展与文化间的关系问题受到了普遍关注。有人将经济发展的新趋势概括为经济文化化；也有人认为，20世纪80年代以来文化研究，正接近于明确提出一个新的以文化为中心的发展范式，或人类进步范式；甚至有人认为，新经济的不同形式的共通之处正在于文化，我们将进入一个文化力说了算的时代，即文化经济时代。这些不同的表述，包括由此引发的与反对者间的争论，揭示了这样一个不争的事实：文化已被纳入经济发展的视野之中，成为影响经济发展的一个不可忽视的重要因素。

传统的产业结构理论提示了经济发展的内在规律，随着经济发展及人均收入水平的提高，劳动力和产值将从第一产业向第二产业转移，再从第二产业向第三产业转移。当经济发展到一定阶段时，第三产业对经济发展的贡献度将超过第二产业和第一产业，与之相适应，经济发展所依赖的资源类型也发生变化，从主要依赖劳动力资源向主要依赖资本资源，再向主要依赖知识技术资源转变，产业重心出现由劳动密集型向资本密集型，再由资本密集型向知识技术密集型发展的趋势。这表明，当经济发展到一定阶段时，推动经济发展的主要动力已经不再是劳动力和资本，而是知识和技术。产业结构高服务化和知识技术集约化两种趋势，改变了经济发展的形态，揭开了知识经济的序幕，文化也由此步入了经济发展的大舞台，成为经济发展的新动力。

二　文化对经济发展的影响

（一）企业文化的影响

推动经济发展的是大大小小的经济组织，企业是其中的典型代表，而企业之所以需要一种企业文化，从根本上说，这是源于企业生存发展的需要。企业就像活的生物一样，如果不能适应周围的环境，也就不能生存，也就是说，适应环境的变化是企业生存发展的基础。企业文化正是企业处理与其外部环境关系并为适应环境变化所采取的积极的发展战略，它诠释着企业的使命、理念和价值观，表征着企业的特征，是维系企业内外部认同的纽带，是指引企业发展和企业战略的灯塔。

一般来说，企业文化可以从三个方面提高企业活力，从而促进经济发展。首先，企业的价值观，这直接影响到社会对企业的接受和理解程度、企业与社会的关系协调，进而影响到社会对企业的支持程度，影响到企业的发展；其次，良好的企业文化不仅体现在企业的价值观、理念和使命以及企业经营发展战略等静态的方面，更重要的是体现在企业实际经营中实践企业文化的程度和能力，就是企业执行力；最后，企业文化的因素，如企业使命、价值观与理念系统、行为方式等，是企业的个性特征，具有难以模仿，至少是不可全部模仿的特点，在技术的可获得性及其不可能持续保持领先地位的情况下，企业文化就成为企业的核心竞争力。

（二）地区文化的影响

除了企业文化的"点"的影响以外，文化本身的地区特征也使文化在经济发展中具有面的影响力，这种影响可以大到一国，也可以小到一个省、一个城市。

每个国家有自己统一的民族文化，但在一个国家内部，各地区也有其自身的独特文化，从而使各地区存在差异，发展也不尽相同。广州自西汉时就已成为南部中国珠玑、犀角、果品、布匹的集散之地，宋代的广州已是万国衣冠，络绎不绝的著名对外贸易港了。明代时，广东设了"十三行"，到清代，这里更是中国唯一的对外通商之地。因为这样的商业传统习气，广东的农民自能出海与海外人进行交易之时起，商业活动就没有中断过。开放经商的传统使广东人性格开放，容易接受新事物，市场经济意识浓厚，这种文化传统造就了改革开放以来广东经济的高速发展。

（三）文化产业对经济发展的影响

文化产业是一种基于现代工业基础上的文化产品生产方式，在当今及未来经济发展中的地位和影响越来越大。第一，旅游业成了全世界第一大产业；第二，图书报刊出版发行业成了一些国家的支柱产业；第三，影视业成为英、法、美、意、日等国的重要产业，美国的影视产品的出口值已超过了航天工业产值；第四，体育经济收入在美国超过了石油工业与证券业的收入，体育就业人数，在英国也超过了煤炭、农业和汽车零件制造业的人数。

在我国，文化产业的从业人员数已超过城镇就业人数的 5%，实现增加值超过 GDP 的 3%，从经济总量上看，文化产业与房地产业大体相同，成为我国的支柱产业之一。

三　文化的地区特色

从一般意义上讲，文化是人们创造的物质和精神财富的综合，是特定人群普遍自觉的观念和规则系统。就体现文化的载体来说包含了三种情况，第一是物质文化或者说是器物文化，这是通过实物来展现的文化，是文化最基础的层面。一个地区的街道、建筑以及相应的外在形象都是物质文化的范畴。第二是制度文化，这是通过人与人之间的一种行为规范体现出来的一种文化气质，包含了正规的制度安排和非正规制度安排两个部分。前者如正式的法律、法规、命令、条例等；后者主要是道德伦理、风土人情、乡规民约等。第三是精神文化，这是通过宗教、艺术、文学、科学等所表达出来的文化要素，这也是文化中最为核心的部分。由于人总是生活在一定的时间、一定的地区，因此，文化也存在于时间与空间的坐标中，这也就是文化具有地区特色的根本原因。

四　河南文化对河南经济的促进作用

中原崛起，离不开先进文化的支撑。建设高度繁荣的社会主义先进文化，是党执政的重要目标和手段。省七次党代会以来，省委、省政府将发展文化事业和文化产业作为河南经济社会发展的重大战略举措，提上重要议事日程。加快文化体制改革，解放和发展文化生产力，大力发展文化产业，选准产业突破口，搞好文化创新，文化建设步入了蓬勃发展的明媚春天。与此同时，全省精神文明建设迈出新步伐，城镇环境优美、乡村民风醇厚、英雄人物辈出，人民安居乐业的和谐景象在中原大地随处可见。随着一系列重大新闻宣传活动的组织，河南的对外形象大大改善，一个充满活力，正在崛起的河南展现在世人面前。

"传承中原文化，发展先进文化，建设文化河南，既是中原崛起的重要内容，也是实现中原崛起的重要保障力量。"河南作为一个文化大省，在中部崛起的过程中更是居于排头兵、桥头堡的位置。实现中原崛起不能没有文化产业对经济发展的强力支持，不能没有文化河南对河南区域竞争力的提升。可以说，建设文化河南，是实现中原崛起的重要前提条件。

（一）企业文化的营造

企业文化是企业核心竞争力之一，企业文化的再造和升级是推动经济发展的重要原动力，是现代经济中最核心的层面。在管理理论中，无论是彼得·德鲁克还是杰克·韦尔奇，对于"企业文化"都十分重视。但是，从总体上说，河南的企业比较缺乏工业文明的理念和文化管理的现代意识。在中原崛起的过程中，在进一步明确非公有制经济的地位和作用的今天，我们一定要重视解决企业家文化素质和企业文化、企业道德问题，不断提高企业的市场生存能力、核心竞争力。

（二）城市文化的创新

在河南现代化的历史进程中，城镇化、农业现代化和新型工业化是"三个现代化"的核心。推动中心城市带动的中原城市群建设是实现中原崛起的重要措施之一。中原城市群的城市文化塑造，要根据我们的历史和现实，根据自己的特点构筑多元的城市文化空间。在中原城市群的建设上，我们一方面要防止出现印度、西方社会出现的"城市病"，正确处理经济发展与生态保护、城市建设与文化遗产保护的关系；另一方面如何利用城市文化"化人"，也是我们必须正视的一个问题。

（三）通过提升村落文化，提高农民素质，推动农业现代化进程

建设文化河南，必须用先进文化统领村落文化，化农业、化农村、化农民。河南农业人口多，全面建设小康社会的难点和重点在农村。如何通过科技文化教育使河南省剩余人口变成人力资本，使人口负担变成人力资源，实现农民的现代化，是当务之急。

（四）创业文化的生长

创业文化作为一种先进文化，它体现为人们在追求财富、创造价值、促进生产力发展、推动社会进步过程中所形成的思想观念、价值体系和行为模式。从人类历史上看，经济发展、财富积聚的过程，就是创业文化生成、发展的过程。比照世界范围全新的创业理念和沿海发达省份强大的创业文化，河南省创业文化相对薄弱，在很大程度上制约了河南省经济的发展和中原崛起。河南经济不发达，根子是文化观念落后，核心是创业精神不足。改革开放以来，河南人民抓住了经济社会发展的两次战略机遇，通过艰苦奋斗，正在形成创业文化的浓郁氛围。在"十万大军出太行"的林州市，在"愚公移山"的济源，我们都可以感受到这种强烈的创业冲动。如何把这种创业冲动保护好、引导好，形成一种"创业文化"，对于河南的小康社会建设来说至关重要。

（五）文化形象的再造

由于形象问题直接加大了河南的"交易成本"，因此，随着中原崛起目标的提出，在建设文化河南的过程中，必须重视文化形象的再造，打造民主河南、经济河南、开放河南、法治河南、诚信河南的现代形象。

建设文化河南，必须重视现代河南人的行为和形象的塑造，使我们的文化体现出真正的"人文关怀"。在实现中原崛起、建设文化河南的过程中，我们要通过现代文化以文化人，使我们的干部、知识分子、企业家、工人、农民都体现出现代文明的要求，全面提升河南的形象。

（六）树立科学的文化发展观，建设科学型文化体系

在全球化、现代化、多样化的环境中进行文化河南建设，必须把我们的立足点放在尊重"文化发展规律"的基础上，树立一种科学的文化发展观。河南是一个发展中的内陆大省，但河南的文化发展在投入上严重不足，文化体制和政策更是长期落在全国的后面，从而成为制约河南文化事业、文化产业发展的最大"瓶颈"。我们认为，对于一个社会的健康运行来说，特别是对于建设和谐社会来说，经济与文化二者缺一不可。从现代化的历史进程来看，现代化之所以产生严重负效应，就是忽视文化造成的结果。在发展经济的过程中，我们一定要正确处理文化与经济的关系，防止出现"利令智昏"和"为富不仁"的反文化现象。

（七）树立新的文化开放观，建设开放型文化体系

建设文化河南，必须在世界文化的背景中"让中原文化走向世界，让世界文化走入河南"，既要主动学习、借鉴西方文化中的优秀成分，又要主动地用河南的少林武术、杂技、戏剧、民族民间工艺品等占领国际文化市场，从而"推动中华文化更好地走向世界，提高国际影响力"。

（八）着力进行文化创新，建设创新型、生态型文化体系

河南文化不能始终停留在"白天看庙，晚上睡觉"、"吃烩面、听豫剧、看少林武功"的水平上，要不断进行体制创新、机制创新，更要不断进行内容创新和产品创新，从而建立起一种创新型文化体系。

建设文化河南，要求我们必须确立"绿色文化"，建设生态型文化体系。河南是一个人口大省，资源少，环境承载能力差。在加快经济发展的同时，必须把保护河南的人力资源、文化资源和生态资源放在重要位置，大力发展循环型经济和生态经济，建立起生态型文化体系，走内涵式发展的路子。

第三节　树立科学的文化发展观，建设与中原崛起相适应的文化体系

在建设文化河南过程中，必须构建与中原崛起相适应的文化发展新体系，使中原文化在中原崛起中实现新的繁荣。

树立科学的文化发展观，除了要正确处理经济与文化的关系外，还要正确认识文化发展具有事业、产业双重属性的二重性。建立一种科学型文化体系，既指文化发展必须符合精神文明建设的要求，也指文化发展必须遵循社会主义市场经济规律。这就要求我们一方面要按照政府主导、加大投入、加强管理、改善服务的原则抓好公益性文化事业的繁荣；另一方面则要按照改革体制、创新机制、面向市场、增强活力的原则抓好经营性文化产业的发展。

一　以人为本，以文化人，建设人文型文化体系

建设文化河南，必须重视现代河南人的行为和形象的塑造，使我们的文化体现出真正的人文关怀。在实现中原崛起、建设文化河南的过程中，我们要通过现代文化以文化人，使我们的干部、知识分子、企业家、工人、农民都体现出现代文明的要求，全面提升河南的形象。

二　树立新的文化开放观，建设开放型文化体系

建设文化河南，必须在世界文化的背景中让中原文化走向世界，让世界文化走入河南，既要主动学习、借鉴西方文化中的优秀成分，又要主动地用河南的少林武术、杂技、戏剧、民族民间工艺品等占领国际文化市场，从而推动中华文化更好地走向世界，提高国际影响力。

三　着力进行文化创新，建设创新型文化体系

中原文化不能始终停留在"白天看庙，晚上睡觉"、"吃烩面、听豫剧、看少林武功"的水平上，要不断进行体制创新、机制创新，更要不断进行内容创新和产品创新，从而建立起一种创新型文化体系。

四　树立文化生态意识，实现可持续发展，建设生态型文化体系

建设文化河南，要求我们必须确立"绿色文化"，建设生态型文化体系。河南是一个人口大省，资源少，环境承载能力差。在加快经济发展的同时，必须把保护河南的人力资源、文化资源和生态资源放在重要位置，

大力发展循环型经济和生态经济，建立起生态型文化体系，走内涵式发展的路子。

第四节 繁荣发展文化事业和文化产业，提高河南文化质量

奋力实现中原崛起离不开中原文化的复兴，河南省已确定了发展文化产业的总体目标："到 2020 年，全省文化产业增加值年均增长 15% 左右，占 GDP 的比重达 7% 左右，文化产业成为河南省国民经济的重要支柱产业，文化产品数量和质量基本满足人民群众的精神文化需求，文化结构的战略性调整基本完成，形成比较完备的文化创新体系、公共文化服务体系、现代文化市场体系，把河南建设成为文化发展主要指标、文化事业整体水平和文化产业发展实力居于中西部地区领先地位，在全国具有重要影响的文化强省"。关键的也是困难的问题就在于如何去实现这个总体目标。

一 河南文化业发展的障碍

整体上看，河南文化业发展虽有许多新气象但更多的是受沉疴积弊拖累而举步维艰，我国实行市场经济已三十多年了，河南文化业在一定程度上仍被桎梏于计划经济的体制和观念中，文化事业和文化产业都还没有真正成为市场经济的一部分。河南文化业还没有独立自主地进入市场，还要在很大程度上靠"计划"生存，因而还不能算是一个严格意义的产业。

具体来说，影响河南文化产业大发展有如下几个主要障碍：一是文化发展观落后；二是文化产业政策和规划滞后；三是文化体制和机制陈旧；四是文化产业缺少核心竞争能力；五是文化企业的市场化生存环境欠佳；六是缺少资本和多元化的文化投资者；七是缺乏一批文化业的工业化生产和市场化经营的适用人才。

二 河南文化产业的发展对策与战略重点

在国内国际文化业发展形势逼人、时不我待的情况下，河南文化业已经别无选择，只能以前所未有的决心和力度推进文化事业和文化产业的改革，推动文化产业的工业化进程。省委已经明确了河南文化产业的发展对策是：围绕一个总体目标；突出五个工作重点（调整文化产业结构、优

化文化产业布局、扶持文化骨干企业、开拓文化市场、发展重点文化产业门类）；处理好四个相互关系（经济效益与社会效益、文化产业与文化事业、繁荣市场与加强管理、开发文化资源与保护文化遗产）；进一步深化文化体制改革，为建设文化强省提供良好的体制环境。河南文化产业应该开始行动了。

河南文化产业的发展战略重点应是：避虚击实，即主抓"五个重点"，强力启动文化业的工业化进程。以文化工业化促进文化发展观、文化体制和机制的转变，促进文化产业政策、市场环境的优化，增强文化企业的市场化生存和运营能力。河南文化产业的工业化发展策略应是：重点突破，即主攻五个关键产业，强力推进文化业的工业化发展。政府扶持与引进文化投资相结合，全面推向市场，尽快在五个关键产业实现工业化生产和市场化运营的全面突破，示范带动全省文化业的工业化进程。

第五节　发展和繁荣中原文化的战略举措

中原的崛起，不仅在经济，也在文化。提出和实施文化兴豫战略，绝不是妄谈，而是与发展经济具有同等重要性。今天，我们认识中原文化的现代价值，吸取本省和外地的经验，并根据因时因地的创造，可以确立以下几点作为当前考虑的重点。

一　加快人才资源的开发和培养

针对当前文化人才资源匮乏，结构不合理的现状，一方面，我们要进一步加强文化人才的培养工作，对于已经迈入 WTO 大门的河南，文化事业要得到更快的发展，尤其应加快提高全省人民的科学文化素质和能力素质，培养大批思想型、专家型的管理人才，这也是代表先进文化前进方向的必要要求。另一方面，我们要根据实际和发展的需要，研究制定高层次的文化人才的引进政策，吸引和鼓励高水平的文化人才投身到文化工作中来，建立有利于吸引人才的良好机制，做到"事业留人、待遇留人、感情留人"，从而建立起文化人才资源高地。2013 年，全省事业文化机构2829 个，从业人员达 43460 人，企业文化机构 10227 个，从业人员达63578 人。与此同时，社会所办的文化产业发展更加迅猛，2013 年，全省共有文化市场经营机构 9909 个，从业人员 53009 人，经营面积 330 万平方米，主营业务收入 384933 万元，营业利润 160218 万元。到 2020 年，全省文化产业增加值年平均增长 15% 左右，占 GDP 的比重应达到 7% 左右。也就是说，在今后 5 年内，文化产业将再提供 80 多万人的就业机会。

二　加快发展文化产业，完善文化市场体系

文化产业是 21 世纪的"朝阳产业"。2004 年，河南文化产业增加值占全省生产总值的比重略低于山东、湖北等省份，而规模水平高于湖北、湖南等省份，表明河南省文化产业还有较大的发展空间。我们必须发挥资源优势，建立河南文化产业的新格局。

2005 年 12 月，河南省召开的文化产业发展和体制改革工作会议，拉开了河南省文化产业发展和体制改革的大幕。会上通过了《河南省建设文化强省规划纲要》，决定将河南省文化产业进行市场化运作，坚决把大部分文化单位从政府的怀抱里放出来，让他们面向市场、面向群众，在自己创业的过程中，求生存、求发展。

规划同时提出，在培育一批自主经营、自负盈亏的国有和国家控股的文化企业的基础上，着力培植一批年产值 20 亿元以上的大型文化企业和企业集团，带动全省文化产业快速发展。努力使文化产业增加值在未来 15 年（2005—2020 年）年均增速达 15% 以上，到 2020 年，全省文化产业增加值年均增长 15% 左右，占 GDP 的比重达 7% 左右，文化产业成为河南省国民经济的重要支柱产业，文化产品数量和质量基本满足人民群众的精神文化需求，文化结构的战略性调整基本完成，形成比较完备的文化创新体系、公共文化服务体系、现代文化市场体系，把河南建设成为文化大省，并逐步实现文化大省向文化强省的跨越。

三　创新思路、加强管理，使文物保护事业面貌一新

河南是全国知名的文物大省。全省现已查清的各类文物点 28168 处，其中有 96 处全国重点文物保护单位，666 处省级重点文物保护单位，3614 处县（市）级文物保护单位。各级文物收藏单位收藏各类文物约 130 万件，占全国总数的 1/8。全省拥有洛阳、开封、安阳、南阳、商丘、郑州、浚县 7 座全国历史文化名城和 21 座省级历史文化名城。

在认真坚持"保护为主，抢救第一"和"有效保护，合理利用，加强管理"的文物工作方针同时，结合河南省工作实际，提出"死保不保死，改革不出格，利用不唯利，发展是目的"的工作思路，着力加大改革步伐和各方面业务建设，全省文物保护工作取得了显著成绩。文物保护

维修工作取得了新的进展，全省绝大部分文物保护单位得到了维修和妥善保护，基本实现了文物保护单位"四有"工作。考古勘探发掘工作取得了丰硕成果，10 项考古发掘项目被评为年度全国十大考古新发现。各类博物馆（纪念馆）在基础设施建设、文物保护、陈列和科学研究等方面快速发展。全省现有博物馆 73 座，特别是河南博物院、南阳汉画馆、郑州博物馆、三门峡虢国遗址博物馆等一批骨干博物馆的建成开放，巩固和发展了具有中原特色的博物馆网络。全省各博物馆每年办各类展览 200 多个，接待观众约 1000 万人次。河南博物院的《楚国青铜艺术陈列》、洛阳市博物馆的《永恒的文明》、南阳汉画馆《南阳汉画像石陈列》等分别被评为年度"全国十大精品陈列"。

四　加快文化基础设施建设

2005 年，河南省加大了对基层文化事业的投入，从 2006 年起，省级安排的县级图书馆、文化馆、群艺馆等"三馆"建设补助资金，由每年的 185 万元增加到 1000 万元，专项用于财政困难县图书馆、文化馆、群艺馆的补助。同时，继续加大对农村卫生事业的投入，年底前完成 1107 所乡镇卫生院改造和 110 个县级疾病预防控制中心、108 个县医院传染病病区建设，改善农村医疗卫生条件。

进入"十二五"，河南省进一步加大对文化、体育、娱乐业的投资，形成了逐年大幅度增加的良好态势，2011—2013 年，河南省对文化、体育、娱乐业的固定资产投资分别达到 110.44 亿元、182.32 亿元、262.21 亿元。

要将弘扬中原文化的文章做大，仅仅靠政府投资是很难奏效的，尤其是河南不少历史文化资源分布于经济尚欠发达地区这一省情，要求我们除了制定相关的扶持政策之外，还要鼓励各方面联合。北京胡同文化游览公司进行了重组，组建前的三方，甲方有景区的优先开发权，乙方有雄厚的资金做后盾，丙方有旅游客源网络优势。三家的优势综合起来，就会形成一个大优势，它对增强什刹海"胡同游"参与市场竞争的能力，带动北京西城区文化旅游产业的发展起到了非常积极的作用。这一经验值得借鉴。

中原崛起宏伟目标的提出为河南的发展注入了强大活力，也为中原文化建设提出了更高的要求和难得的历史机遇。传承中原文化，发展先进文化，建设文化河南，既是中原崛起的重要内容，也是实现中原崛起的重要保障。

第十三章 河南文化产业与"一带一路"

第一节 "一带一路"战略的规划背景

一 "一带一路"的提出背景

（一）"一带一路"的提出深刻的历史渊源

西汉建元二年（前139年），张骞带领一百多随从从长安出发，丝绸之路正式开辟。公元前97年，东汉将军班超重建丝绸之路，正式开通了中国与西方最早的官方沟通。汉武帝以后，西汉的商人还常出海贸易，开辟了海上交通要道，这就是历史上著名的海上丝绸之路。丝绸之路成为中国对外贸易和文化交流的重要途径。

（二）"一带一路"建设有着深刻的国际与国内环境

1. 国际层面

从国际层面来看，经济全球化和经济区域合作成为当今世界的发展潮流。当前世界各种经济组织纷纷兴起，如美国的跨太平洋合作伙伴协定（TPP）和跨大西洋贸易与投资伙伴协定（TPIP）、俄罗斯的"欧亚经济联盟"、"跨欧亚发展带"以及亚太地区的自贸区与各种形式的经济圈等区域经济合作组织也都在发展。作为海洋大国，中国渴望有制定符合亚洲人民利益的国际政治经济新政策的话语权，增强海洋实力的政治诉求。

2. 国内层面

从国内层面来看，我国推进全方位开放新格局，需要加强对外的开放和大范围的合作：①为打破中国经济"新常态"，中国有积极打造新的经济增长引擎，以此来刺激中国经济长效发展的经济诉求。②延边地区和平与发展的需求。中国西部延边社会治安混乱，中国希望用经济上的交流，延续和平的发展环境,促进西部地区的开放,推进全方位开放新格局,促进延边经济发展的发展诉求。③从安全因素考虑,中国有稳定新疆和中东地区、缩小发展差距、增强我国战略纵深、防止产业过度集聚带来的安全威胁,增加能源运输渠道,增强战略保障的安全诉求。另外,中国积累了两万多亿美元的外汇储备,经济按购买力计算已经超过美国,已经具备打造经济发展新引擎的实力。

在植根于中国国情的情况下,2013 年 9 月、10 月,中国国家主席习近平在访问哈萨克斯坦和印度尼西亚时,分别提出共建"丝绸之路经济带"和"21 世纪海上丝绸之路"的战略构想。

"一带一路"实际上是统筹邓小平在 1988 年提出"两个大局"思想的战略选择,是在中国经济腾飞的基础上举全国之力沿"一带一路"推动贸易开放的一个新战略。

二 "一带一路"战略的规划初探

"一带一路"是指"丝绸之路经济带"和"21 世纪海上丝绸之路"。"一带一路"不是一个实体和机制,而是合作发展的理念和倡议,旨在借用古代"丝绸之路"的历史符号,高举和平发展的旗帜,积极主动地发展与沿线国家的经济合作伙伴关系,共同打造政治互信、经济融合、文化包容的利益共同体、命运共同体和责任共同体。"一带一路"不会搞新机制,不涉及政治、安全等领域,主要依赖"丝绸之路"经济、人文、商贸的千年传承,并赋予其新的合作意义。战略最初构想包括陕西、甘肃、青海、宁夏、新疆、重庆、四川、云南、广西西部 9 省区市和江苏、浙江、广东、福建、海南东部 5 省。

五条主要路线:

北线 A:北美洲(美国、加拿大)—北太平洋—日本、韩国—东海(日本海)—海参崴(扎鲁比诺港、斯拉夫扬卡等)—珲春—延吉—吉林—长春—蒙古国—俄罗斯—欧洲(北欧、中欧、东欧、西欧、南欧)

北线 B:北京—俄罗斯—德国—北欧

中线:北京—西安—乌鲁木齐—阿富汗—哈萨克斯坦—匈牙利—巴黎

南线:泉州—福州—广州—海口—北海—河内—吉隆坡—雅加达—科伦坡—加尔各答—内罗毕—雅典—威尼斯

中心线:连云港—郑州—西安—兰州—新疆—中亚—欧洲

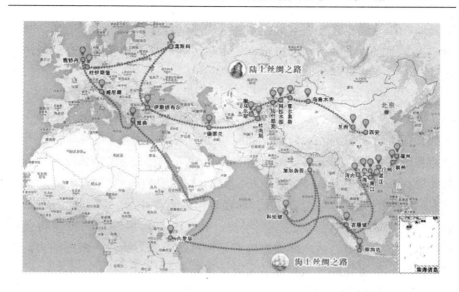

图 13 –1 陆上丝绸之路和海上丝绸之路

规划初探提出后逐步扩展到其他地区。2015 年"一带一路"成为地方政府的"标配",31 个省份针对"一带一路"进行破题。主动谋划、力争成为各省份对"一带一路"的共同态度。部分省区已经明确提出相关规划:云南力争成为"一带一路"战略的重要省,总体方案设计已完成。新疆努力建成"丝绸之路经济带"上重要的交通枢纽中心、商贸物流中心、金融中心、文化科技中心和医疗服务中心。河南争取构筑"丝绸之路经济带"重要桥头堡。甘肃正打造"丝绸之路经济带"甘肃黄金段。为备战"一带一路",落实改革任务,2015 年 2 月 3 日国务院印发《落实"三互"推进大通关建设改革方案的通知》,明确了重要领域和关键环节改革推进步骤,分别制定了近期(2014—2015 年)、中期(2016—2017 年)及远期(2018—2020 年)的目标。

三 "一带一路"战略中的相关产业

"一带一路"成为 2015 年区域发展的首要战略。"一带一路"将对中国和周边国家经济社会带来很大的影响,一些产业也将成为赢家脱颖而出。

经贸合作是"一带一路"建设的基础和先导。"一带一路"战略构想提出后,沿线国家反响强烈。一些国家正在着手将本国发展战略与"一带一路"相连接,有些项目已经陆续"开花结果"。"一带一路"战略经有效地释放沿线地区发展潜力，推动沿线地区合作贸易流、产业带、联通网、人文圈以及更高水平的经贸合作。在国内对中国关联度较高的贸易产业也产生极大的带动效应。

（一）对贸易金融的影响

"一带一路"为金融企业带来了诸多机遇。在促进对外贸易结构、自贸区、提升人民币国际地位等发面有重要的刺激作用。"一带一路"开创贸易金融发展新空间，商业银行贸易金融业务也将迎来全新的发展机遇。对外贸易新格局拓宽贸易金融市场区域。作为我国新一轮对外开放的战略支点，"一带一路"是扩大开放、加强合作的重要举措。随着我国与"一带一路"沿线国家合作的进一步推进，相关贸易规模和对外投资将进一步提高，将为贸易金融在助推跨境贸易和投资合作方面注入新的活力。人民币国际化趋势将成为引领贸易金融发展新方向。

（二）对交通的影响

在交通方面，铁路建设企业和运输设备制造企业将直接受益。"一带一路"首先带动基础设施建设步伐加快，中西部高铁及欧亚高铁建设提振动车组需求。对外已经在老挝、缅甸、尼泊尔等周边一些重点国家支持实施一批公路、铁路、港口以及航空运输等项目，同时支持与这些国家的能源合作、电信、网络等基础设施建设。对内也将对我国交通布局结构的优化和交通线路的发展产生非常重要的作用。

（三）对物流产业的影响

随着上海自贸区的成立，许多城市积极应对提出打造自贸区，构建物流中心战略。随着"一带一路"的逐步贯通，物流产业将产生极大的能动作用，在我国"网上丝绸之路"战略正式将物流纳入信息化更加精准的体系中。另外，各地都在完善交通枢纽建设，争夺物流中心的战略归属权。"一带一路"构想的提出使中国进入大物流时代的步伐加快。

（四）对旅游产业的影响

丝绸之路经济带也是丝绸之路旅游带。在"一带一路"的战略构想下各国必然伴随着人文交流，直接的人员往来对旅游也产生了直接的带动作用。有利于我国旅游业的整体发展，同时在文化交流过程中各国文化不断碰撞沟通对文化旅游项目更是具有直接的带动效用。因此处于文化优势地位的省份和旅游业将得到巨大的带动作用。

第二节　河南在"一带一路"规划中的战略地位

一　河南在古代丝绸之路中的历史地位

(一) 地理地位

从地理上分析，河南是古代丝绸之路的重要起点。1877 年，德国地理学家李希霍芬最早提出"丝绸之路"一词。他根据所了解的情况，只看到丝绸之路是当时贯穿中西方的一条交通通道。实际意义上的丝绸之路有三大干线：沙漠丝绸之路、草原丝绸之路和海上丝绸之路。沙漠丝绸之路分别由东京、洛阳、西京长安出发，向西到东亚、西亚直指欧洲；海上丝绸之路也由洛阳出发，沿东南沿海，穿马六甲海峡，跨太平洋到达西方；草原丝绸之路也是由洛阳出发，向北经漠南，漠北过哈萨克斯坦，经咸海、里海、黑海到达欧洲。从路线上可以看出洛阳在三条线路中均处于起点。另外开封的犹太社团和南阳的方城县佛沟摩崖石刻造像等也证实了河南是丝绸之路的源头。

(二) 文化地位

从文化的角度分析，河南省文化地位无可替代。河南作为中原文化和黄河文明的代表具有极其重要的地位。中原文化是中国的发端与母体，而河南便是中原文化的代表。中国有着 5000 年文化，而真正拥有五千年文化积淀的首数河南。这足以说明河南在文化中的无可比拟的优势。另外，河南洛阳、开封、南阳都曾是古代丝绸之路上重要的经济文化中心。

(三) 交通转运地位

从交通转运上，河南省在古丝绸之路繁荣发展过程中发挥了重要支撑作用，各地丝绸等商品经由洛阳输往西亚、欧洲各地，中原地区作为中西经济贸易的枢纽带动了古丝绸之路进入鼎盛时期。京杭大运河的开通更加强了河南的转运优势。唐朝中后期由于长安粮食难以自给，作为与长安的转运节点——洛阳便成为全国的转运中心。北宋时期的开封更是全国的转运和经济交流中心。北宋张择端的《清明上河图》正是开封当时繁荣昌盛的写照。

从历史渊源来讲，丝绸之路经济带不应该有河南的缺席。

二　河南在"一带一路"中的战略地位

(一)　地理位置及交通地位

河南在丝绸之路经济带上的价值具有不可替代性,河南以其所处中国中部的中心位置,东西南北交通大动脉的区位优势是其他任何一个城市所不能比拟的,包括西安。同时,河南还是覆盖整个北中国沿海发达地区输欧产品的汇集点,肩负着汇集东部发达地区产品向欧亚大陆腹地和中西欧输送的重任,也是欧洲输入货物的分拨地。成功运行的郑欧班列正是习近平总书记提出的构建新丝绸之路经济带构想在河南的一个具体体现。河南省将形成以郑州为中心的米字形铁路运输中心,形成到北京、上海、天津、武汉、西安的 3 小时铁路客运交通圈。另外,西温高铁的开通将加强河南省豫南地区的交通地位。除此之外,河南省还拥有更大范围的圆形覆盖区郑州航空港。郑州航空港经济综合实验区是全国唯一一个以发展经济为主题的功能区。以郑州为中心,一个半小时航程可以覆盖全国的 2/3 的主要城市,基本形成了覆盖内陆主要城市,与欧美亚、大洋洲的航线网络。

(二)　文化地位

河南省古代文化资源占中国文化旅游资源的一半以上,随着中国经济的发展,开始提倡文化软实力的输出。河南省作为中华文化的重要发源地。在现代文化软实力的输出上占有重要的地位。我们可以通过"一带一路"战略把河南文化推向国际化,借助文化旅游把世界的眼光吸引到中国文化上来,促进中国文化软实力的发展。

(三)　物流地位

现代物流有三大源头,即制造业、商贸业和转运需求。谢伏瞻透露,目前郑州正与卢森堡航空公司携手打造以郑州为亚太物流中心,卢森堡为欧洲物流中心的覆盖全球的双枢纽航空货运网络。为建设国际大物流通道提供了交通和商贸业发展条件,而河南省地处华夏腹地,区位位置明显,河南是中国的人力资源大省,重要的经济大省,农业大省和新兴工业大省。劳动力和原料的集散极为方便,具有建设物流枢纽的良好货物运输及转运条件。

河南省占据如此优越的优势,而河南省本身也积极融入"一带一路"的战略中来。自"一带一路"提出以来河南省就已经着手抢滩登陆。目前河南"一带"已被写入 2014 年政府工作报告,明确要推动河南融入

"丝绸之路经济带"发展。河南省委书记郭庚茂公开提出,争取构筑"丝绸之路经济带"重要桥头堡。

第三节 河南文化发展的新思路

文化旅游在河南文化产业发展中占有绝对的领导地位。本节将以旅游产业为例,专门叙述"一带一路"为河南文化产业带来的发展新机遇。

"一带一路"战略的提出,使河南省旅游产业发展面临难得的历史机遇,处于"转型升级、持续快速发展"的黄金机遇期。我们主要分两个层面来讲这个问题。第一层面主要讲河南如何承接"一带一路"战略机遇的问题。第二层面主要讲述河南文化旅游如何在机遇中谋求发展的问题。

一 河南紧抓"一带一路"战略

(一)多桥头堡连接战略,转竞争压力为合作优势

河南实施桥头堡战略的同时可以在其他省份实施桥头堡战略的基础上,进行多方位合作,在激烈竞争中化压力为合作动力。其他地区桥头堡地区大都位于沿海货物集散地,只有河南处于全国陆上的十字交会地带,河南省可以把重心放在建设陆上物流枢纽上,把河南建设成全国货物的集散地,利用交通优势形成对北方黄河流域的物流管控。向东可以通过连霍高速、陇海铁路等与连云港形成交通联系。利用两地悠久的合作关系,打造陆海联动的交通物流输送中心。通过预计 2015 年开通的青郑铁路和之前已有线路和青岛相连接,形成青岛和河南的海陆联动交通。向北可以通过京九、京广等交通线路实现河南和北京的快速互通。打造河南到连云港、河南到青岛、河南到北京三条互联互通交通网络体系,形成由河南向海洋扩散的扇形网状模式。发挥河南在海上丝绸之路中的作用。另外,向西通过连霍、陇海等连接山西、陕西、甘肃、新疆、内蒙古的向外通道,打通陆上丝绸之路中线和北线。向南通过河南的米字形铁路——郑万铁路和京九线实现和重庆、四川的互通,再通过京九、京广等线路连接广西、广东、云南等有桥头堡构建意愿的地区,形成一起合作各取所需的共赢局面。另外,积极利用中国中心的良好区位优势打造成全国性的物流中心。

（二）优化"系统"，彻底释放客源潜力

紧抓省内旅游客源市场，优化产业结构，鉴于河南省发展的特殊性，实行旅游立省战略，以发展第一产业、第三产业为主要方向。大力发展高新农业、特色手工业、服务业。释放农业人口的流动活力，加大宣传力度，把人口的流动拉到旅游中来。适当地开发一些适合手工业和工业群体的文化旅游项目，强化市场吸引力。在体制性问题方面政府应该积极作为优化管理结构，深化简政放权。允许利用文化企业的宣传渠道对旅游景区进行文化宣传。加强监督合理引导，完善旅游景区的法律和服务体系，形成良好的文化环境来增强河南文化的吸引力。

（三）优化内部交通网络，加强交通直达度

河南拥有其他省份所不具备的交通优势，但是河南的人口基数庞大，现存交通设施无法满足河南紧张的客流压力。省会郑州交通拥堵几乎已经成为河南共识。完善交通网络体系，提高交通效率能够有效地加强河南的交通优势，在"一带一路"中占据更有利的地位。

（四）加强世界品牌建设，构建文化河南

国内品牌在国际上建设不足，在世界品牌建设中最重要的是突出一个地区的印象力量。印象力量对一个省份及城市实力的提高起到非常重要的作用，所以在形象创建上应该加大加强投资，通过良好的文化形象促使河南文化走出去，在构建文化河南的过程中把更多人的眼光吸引到河南文化上，对国外游客形成拉力，把游客探知欲拉动起来。使更多的国外游客有对河南文化亲自体验的欲望。

二　河南文化旅游在机遇中谋发展

（一）多层次开发，服务市场化

在"食"和"宿"方面促进文化与居民饮食、文化与房地产相结合。利用"食"开发特色民俗饮食业，把民俗与饮食相结合提升饮食的文化内涵，通过当地民众开发家庭宾馆，把地方人文特色和饮食相连接；把"宿"和房地产业相结合，开发具有古典气息的文化建筑，融文化于建筑，用建筑输出文化。既能促进房地产的活力，也提升了文化的体验性，延长了游客滞留时间。

在"行"和"游"方面根据龙门石窟的发展经验，把高铁、铁路和旅游景点相连接，缩短不必要的往返时间；在景区内开发特色交通线路。定时地邀请书画名家、各种艺术家、摄影家、作家等在景区内进行作品展示、讲座、文化交流会等活动，增强文化氛围，在此基础上开发高端文化购物品和文化节目。根据环境开展全国性质的曲艺、古典音乐、棋艺等比赛。文化景点进行文化比赛在增加文化氛围和特色的同时也增强了景区对各种旅游者的吸引力。文化活动更加丰富，满足了高端市场需求。

在"购"方面加大手笔，开发景区特有的文化纪念品，广邀雕塑、手工艺术者等进行古典文化展示与创造，河南省拥有大量的非物质文化遗产，可以在文化景区集中定时展示，满足观众的购物需求，利用经济学供给学派的供给决定消费理论，通过各种各具特色的文化产品对游客进行文化满足和购物满足。通过特色的文化纪念品供给把门票旅游转化成真正的购物旅游。在产生经济效益的同时也有利于传承和保护中国传统文化，形成文化河南的文化氛围。

娱乐方面，举行多种多样的互动性文化活动，互动游戏等，例如用古典舞蹈与观众进行互动等，最大限度地挖掘游客的体验感、互动感和参与感。把旅游景区的服务岗位市场化，实行高薪竞争机制，通过市场竞争和市场考核来筛选出服务意识和服务能力高的服务人才，提高服务人员的服务质量。在景区增加解说员的人数，在特定的旅游景点组织专人或各种形式进行文化解说，通过对地区文化、传说、风俗等的介绍增加文化厚重感和认同感。服务的市场化同样能够促进景区的保护。增加回头客，满意的服务是旅游业长远和快速发展的必要条件。

（二）跨区域旅游资源整合，省内多地区联动合作

河南省文化旅游资源的特点是多而乱，很多小景点也具有国家水平，但资源小，无法连接成片，集聚性的不足分散了河南的文化旅游优势。河南应该举行跨市区的，多市旅游资源集聚展示，比如合作举行一个文化旅游节日，在固定的时间进行多市区的文化展示，这种节日平台会给平时小型的、分散的文化景点进行宣传的机会，增强了保护传统文化的动力。

另外大型的文化节日本来就是一种文化旅游资源，进行跨区域文化资源整合也是展示河南文化丰富性的一部分，通过文化的展示和多市区合作能够增进对其他县市文化旅游资源的了解，也可以带动小文化景点的旅游收入，增加文化认同感。通过文化展示，加入大量的文化活动和购物，吸引民间企业进入文化领域，增强民众的文化自豪感，有助于解决文化消亡的困境。

（三）打响品牌优势，构建文化河南

河南作为文化大省，但是河南的文化产业并不发达，相对于上海和北京，河南文化厚重，但发展不足。应该在充分利用原有优势的基础上加大文化宣传，通过纪录片、教育、媒体宣传、商贸往来等形式把河南的整体形象提升上去，把原本不突出的文化旅游景点资源整合，增加必要的现代文化节日，在原本知名度不高的地区进行品牌塑造。另外，注重文化学术发展，在相关学术领域形成文化领域的核心。形成专业的研究中心，把景区、名人故里、文化建筑和传说，通过专业研究把各地文化特色和深厚的内涵展现出来。在这方面我们可以借鉴豫剧《朝阳沟》、影视剧《少林寺传奇》等。把古典文化进行现代化发展，多层次展现古文化发展方式。

（四）开发独具特色的文化旅游形式，提高景区的文化氛围

河南应该利用自身的文化资源，打造独特的旅游系统。在景区内不单单只追求园艺的精湛，房屋的精致，要着力打好文化牌。河南的宗教文化在中国宗教史上具有非凡地位。开发特色宗教活动。比如，旅游旺季在佛教寺庙进行诵经、讲经、现场做法事如开光等，发展以中岳庙和王屋山为主的道教文化，利用周口的老子文化节等对河南宗教进行开发。另外，大力开发河南穆斯林文化，利用河南五百多座清真古寺，整合省内伊斯兰教资源，重点发展沁阳保存完整、极富特色的中原传统建筑文化与伊斯兰教建筑文化完美结合的伊斯兰教建筑群和朱仙镇清真寺礼拜大殿隔扇门上装镶的国内罕见大片透明鱼鳞，此外，古老清真寺内珍藏的历代中文、阿拉伯文匾额、碑刻，手抄本《古兰经》，被誉为"中国体"的阿拉伯文经字画等，都是珍贵的伊斯兰教文化产品。利用对宗教文化的旅游性开发，吸引各种宗教人群和国外的宗教人士。在游客体会到河南独具特色的文化同时，还能在无形中提高河南景点的知名度。

（五）完善基础设施，加强文物资源的保护

在交通上形成旅游专线，减少游客旅途转车的时间，同时利用大景点提升小景点的知名度。以铁路专线，或者长途公交专线，贯穿河南大大小小旅游景点，将河南景点连成一线。对景区文物进行抢救性保护，在开发过程中进行修复重建，而非仿制新建，保留文化内涵。加强博物馆建设，利用各种博物馆对文化文物进行及时保护的同时形成旅游优势。

（六）最大限度利用文化资源优势，开发新兴文化旅游资源

开封的东京梦华和登封的禅宗音乐大典把抽象的中原文化转化为河南

旅游的一个亮点。开展河南文化旅游新思路，以此来展现河南的时代性气息。利用中国在世界上独一无二的中医药理学和针灸、拔罐等疗法发展医疗旅游。以高中考生、小学生、学生家长为主开发高校游，可以为学生的专业选择和树立远大理想奠定基础。借鉴美国、韩国等国家成功经验开发影视文化游，精化文化产品，开发游客影视体验感和参与感。通过文化媒介开发综艺节目游，如利用河南自身戏剧文化的综艺节目《梨园春》，可以通过具有文化水准的综艺节目吸引相关观众，在这一点上可以借鉴湖南的发展轨迹。

针对我国老龄化问题开发文化保健游，融保健于文化，利用河南伏牛山和道教洞天王屋山开发具有河南文化特色的文化保健项目。通过组织体育盛会和组织文艺活动开发体育文化游和文艺活动游。通过文化和商业的结合重现河南古代作为全国民间杂技、民间艺术汇集地之一的盛况。开发如唢呐、柳琴、扬琴、民间小调等传统音乐和独具地方特色的饮食项目，发挥民间艺人的文化感召力。

参考文献

［1］白鸽：《河南省文化体制研究》，硕士学位论文，郑州大学，2010 年。

［2］边洁英：《开发河南文化旅游资源推动"中原经济区"建设》，《全国商情·理论研究》2010 年第 22 期。

［3］陈雪飞：《关于河南文化产业相关研究综述》，《文史月刊》2012 年第 8 期。

［4］陈艳梅：《河南省文化产业发展战略研究》，硕士学位论文，石河子大学，2008 年。

［5］党琼：《河南文化产业发展现状研究》，硕士学位论文，郑州大学，2014 年。

［6］范书琴：《基于 SWOT 分析的河南文化产业发展研究》，信阳师范学院学报（哲学社会科学版）2009 年第 29 卷第 5 期。

［7］冯煜雯：《文化历史资源开发对区域经济发展的影响研究——以河南为例》，硕士学位论文，西安工业大学，2010 年。

［8］郭宁：《山东文化的历史演进及山东文化区划研究》，硕士学位论文，安徽师范大学，2006 年。

［9］郭献强：《创新特色文化促进经济发展》，《商场现代化》2006 年第 18 期。

［10］胡华：《河南花卉旅游资源开发研究》，《科技信息》2007 年第 23 期。

［11］河南省社会科学院课题组：《河南文化强省发展战略研究》，《中州学刊》2008 年第 1 期。

［12］贺巍：《中原官话的分区》（稿），《方言》2005 年第 2 期。

［13］靖恒昌：《对河南文化产业发展的几点思考》，《中国市场》2006 年第 13 期。

［14］旷文楠：《中国武术文化概论》，四川教育出版社 1990 年版。

［15］康艺馨、王国胜：《弘扬中原文明 提升河南文化软实力》，《学理论》2014 年第 33 期。

［16］陆草：《论中原武术文化》，《中州学刊》2007 年第 1 期。

［17］李庚香：《文化河南与中原崛起》，《中州学刊》2006 年第 1 期。

［18］骆高远：《我国的工业遗产及其旅游价值》，《经济地理》2008 年第 1 期。

［19］吕海霞：《立足传统文化资源，大力发展河南文化产业》，《商情》2012 年第 49 期。

［20］刘静江：《论我国工业遗产旅游的开发》，硕士学位论文，湘潭大学，2006 年。

［21］李铭、青山：《中国传统文化对太极拳动作特点的影响》，《内蒙古体育科技》2007 年第 20 卷第 2 期。

［22］刘雪霞：《河南方言语音的演变与层次》，博士学位论文，复旦大学，2006 年。

［23］卢云：《文化区中国历史发展的空间透视》，《历史地理》1992 年第 9 辑。

［24］马华阳：《河南文化产业发展现状和对策研究》，《价值工程》2010 年第 30 卷第 18 期。

［25］孟莉娟、李景初：《河南花卉旅游开发优势与策略分析》，《河南商业高等专科学校学报》2006 年第 19 卷第 5 期。

［26］马世之：《中原楚文化研究》，湖北教育出版社 1995 年版。

［27］马燕、柏程豫、曹希强：《河南省工业遗产保护与再利用刍议》，《云南地理环境研究》2007 年第 5 期。

［28］史道祥：《论中原历史文化区域的形成及基本特征》，《郑州大学学报》（哲学社会科学版），2005 年第 38 卷第 4 期。

［29］申桂娟：《河南古都文化旅游存在的问题及对策》，《集团经济研究》2007 年第 23 期。

［30］司徒尚纪：《广东文化地理》，广东人民出版社 2001 年版。

［31］单远慕：《中原文化志》，上海人民出版社 1998 年版。

［32］［英］泰勒：《原始文化》，连树声译，广西师范大学出版社 2005 年版。

［33］谭其骧：《历史人文地理研究发凡与举例》，《历史地理》1992 年第 10 辑。

［34］王传满：《和谐文化的内涵及其在构建和谐社会中的作用》，《青岛大学师范学院学报》2006 年第 4 期。

［35］魏崇周：《2002—2009：河南文化产业研究综述》，《河南社会科学》2010 年第 2 期。

［36］王临惠、张维佳：《论中原官话汾河片的归属》，《方言》2005 年第 4 期。

［37］连建功：《"旅游立省"背景下河南省节庆旅游开发策略研究》，《周口师范学院学报》2010 年第 4 期。

［38］魏敏、程健君：《中州大地的民俗与旅游》，旅游教育出版社 1995 年版。

［39］王天奖：《河南省大事记》，中州古籍出版社 1993 年版。

［40］王文楷：《河南地理志》，河南人民出版社 1990 年版。

［41］王云、文岳伟：《不能承受之重的河南菜》，《热点探索》2006 年第 20 期。

［42］薛存心：《中原文化与河南和谐社会问题研究》，《商丘职业技术学院学报》2007 年第 3 期。

［43］徐光春：《中原文化与中原崛起——中共河南省委书记徐光春同志在香港"中原文化港澳行"恳谈会上的讲话》，《决策探索》2007 年第 4 期。

［44］徐光春：《中原文化与中原崛起》（一），《领导科学》2007 年第 9 期。

［45］于萍：《河南地方戏旅游资源的保护、继承与发展》，《中国地名》2007 年第 1 期。

［46］喻新安：《河南省基本实现工业化的路径与政策研究》，硕士学位论文，南开大学，2004 年。

［47］闫焱：《传统文化与河南文化产业发展》，《湖北函授大学学报》2015 年第 2 期。

［48］杨玉厚：《中原文化史》，文心出版社 2000 年版。

［49］朱格锋：《中原经济区建设和文化强省关系研究》，《知识经济》2014 年第 10 期。

［50］朱竑：《海南岛文化区域划分》，《人文地理》2001 年第 3 期。

［51］张红恩：《论文化兴豫》，硕士学位论文，南昌大学，2008 年。

［52］赵海军：《对少林武术文化内涵的思考》，《南京体育学院学报》2005 年第 19 卷第 2 期。

［53］张宏山：《建立文化名牌，强化名牌的精神效用》，《经济师》2003 年第 9 期。

［54］张宏山：《河南传统文化资源开发问题研究》，《商场现代化》2006 年第 17 期。

［55］张宏山：《实施文化战略 扩展品牌的文化功能》，《商场现代化》2006 年 26 期。

［56］周全德：《彰显中原伦理精神构建河南和谐社会》，《学习论文》2005 年第 9 期。

［57］张伟然：《湖北历史文化地理研究》，复旦大学出版社 1995 年版。

［58］张文珍：《文化与和谐社会构建》，《理论学刊》2006 年第 10 期。

［59］张晓红：《陕西文化区划及其机制分析》，《人文地理》2000 年第 3 期。

［60］张晓明、胡惠林、章建刚等：《文化蓝皮书：2005 年中国文化产业发展报告》，社会科学文献出版社 2009 年版。

［61］张志勇：《中国武术思想概论》，河南大学出版社 1998 年版。

后 记

　　河南省丰厚的历史文化资源为我们研究河南文化提供了肥沃的土壤，感谢我们团队成员的辛苦付出，感谢中国社会科学出版社刘晓红编辑对此书付出的努力。

　　参加本书撰写作者的署名顺序和分工如下：靖恒昌（第1—7章）、雷永强（第8章）、郭新宝（第13章）、张宏山（第9章）、陈亚杰（第10—12章）。靖恒昌负责全书结构的策划和最后通稿。本书在写作过程中，参考了不少资料，作者已尽可能详细地在参考文献中列出，在此对这些专家、学者们表示深深的谢意。也有可能有些资料引用了而因疏忽未列出资料出处，若有这类情况发生，在此表示万分歉意。

　　由于作者水平有限，加上河南文化博大精深并处于蓬勃发展之中，我们对它的认识和研究都还不够全面深入，因此在本书的叙述中难免出现谬误。作者真心希望读者提出批评意见，并及时反馈给我们。

靖恒昌

2015 年 7 月